우리말의 숨결 3

순우리말과 들온말

성기지

전 한글학회 연구편찬실장.

1990년 한글학회 출판부에 들어와 2023년 6월 정년을 맞이할 때까지 학술지 『한글』(계간)과 어문 교양지 『한글 새소식』(월간) 발간을 맡아 일하였고, 어문규범 연구와 국어 상담에도 힘썼다. 틈틈이 공무원, 은행원, 기업체 직원, 방송작가 등을 대상으로 국어 생활 관련 강의 활동을 하였고, 10여 년 동안 라디오를 통해 우리말 바로쓰기 방송을 하였다. 또, 전문용어, 행정용어, 광고용어 등 우리말 용어 순화 사업에도 힘을 보태는 등 말글 환경 맑히는 데에 줄곧 관심을 기울여 왔다.

지은 책으로는 『우리글 바로잡기 연습』(타래출판사), 『맞춤법 사슬을 풀어 주는 27개의 열쇠』(도서출판 박이정), 『생활 속의 맞춤법 이야기』(역락출판사), 『고치고 더한 생활 속의 맞춤법 이야기』(역락출판사), 『아, 그 말이 그렇구나!』(디지털싸이버), 『한국어 능력 시험』(공편)(신지원) 등이 있다.

우리말의 숨결 3
순우리말과 들온말

초판 인쇄 2024년 7월 5일
초판 발행 2024년 7월 15일

지은이 성기지 | **편집장** 권효진 | **편집** 정봉선
펴낸이 박찬익 | **펴낸곳** **박이정**
주소 경기도 하남시 조정대로45 미사센텀비즈 8층 F827호
전화 031-792-1195 **팩스** 02-928-4683
홈페이지 www.pijbook.com **이메일** pijbook@naver.com
등록 2014년 8월 22일 제2020-000029호

ISBN 979-11-5848-951-9(03710)

값 15,000 원

우리말의 숨결 3

순우리말과 들온말

성기지 지음

박이정

우리말에 대한 관심이 꼭 필요한 때입니다

숨결은 숨을 쉴 때의 상태를 말하는데, 사물 현상의 어떤 기운이나 느낌을 생명체에 비유하여 이르기도 하는 말입니다. 그래서 흔히 '자연의 숨결을 느낀다'는 표현을 하곤 합니다. 오염되고 훼손된 자연에서는 건강한 숨결이 느껴지지 않을 것입니다.

그렇습니다. 자연은 수많은 생명을 품고 끊임없이 숨을 쉬면서 살아가고 있습니다. 자연 환경 보호는 곧 자연이 건강하게 숨 쉬도록 만들어주는 일입니다. 숲을 잘 가꾸고 보존하여 숨 쉬게 하고, 호수를 깨끗하게 맑혀 숨 쉬게 하는 일이 환경 보호 운동일 것입니다. 그리하여 우리는 자연의 품안에서 자연의 숨결을 느끼며 비로소 살아갈 수 있을 터입니다.

우리말도 숨을 쉬면서 살아갑니다. 수천 년 동안 우리 겨레는 생존을 위해 끊임없이 그 말에 숨을 불어왔습니다. 자연과 인간 사이의 환경 못지않게 사람과 사람 사이의 언어 환경도 매우 중요합니다. 맑고 바른 말은 사람들의 삶을 가멸게 합니다. 따라서 언어 환경 맑히기는 그 말과 그 말을 사용하는 사람 모두 건강한 숨을 쉴 수 있게 해주는 일입니다. 우리 곁에 있는 말을 잘 살펴서 우리 삶을 살찌워야

하고, 우리 토박이말이 사라지지 않도록 지키고 가꾸어야 하며, 우리 말이 갖가지 외국말투와 저급한 말에 오염되지 않도록 힘써 나가야 할 것입니다.

자연의 품안에서 자연의 숨결을 느끼듯이, 우리는 관심만 가지면 우리말의 숨결을 느낄 수 있습니다. 비록 보이지 않고 만져지지 않더라도 우리말은 우리 곁에서 늘 살아 숨 쉬고 있기 때문입니다. 지금 우리에게 꼭 필요한 것은 우리말에 대한 관심입니다. 이 책은 우리 곁에서 숨 쉬고 있는 우리말의 숨결을 느끼게 하는 데 도움을 줄 수 있으리라고 생각합니다.

『우리말의 숨결』은 모두 4권으로 나누어졌습니다. 제1권 〈우리 곁의 우리말〉은 우리말에 대한 관심을 불러일으키려는 의도로 구성하였습니다. 우리말에 대한 무슨 새로운 발견이나 깊은 연구가 아닌, 우리 곁에서 늘 쓰이고 있는 말들을 되는 대로 끌어 모아 거듭 살피고 어루만졌을 따름입니다. 그 가운데 뜻과 쓰임이 모호하거나 헷갈리는 낱말들을 제2권 〈헷갈리는 이 말과 저 말〉에 따로 모아 보았습니다. 여기서는 이 말과 저 말의 차이에 주목하여 우리말 사용을 명확하게 할 수 있도록 설명하는 데 힘썼습니다.

제3권은 〈순우리말과 들온말〉로 엮었습니다. 첫째마당 '일상에서 찾는 순우리말'에서는 나날살이에서 자주 쓰이고 있는 우리 토박이말들을 살펴보는 한편, 자칫 잊힐지도 모를 토박이말들을 되도록 찾아내어 부려 쓰는 데 도움을 주고자 하였습니다. 이와 달리 우리 말글살이에 꼭 필요하지도 않은 외국말이나 외국말투 조어들이 말글 환경을 오염시키고 있는 모습들을 생각나는 대로 간추려 둘째마당 '우리말 속 외래어 이야기'에 모아 보았습니다. 끝으로, 나날살이에서 무심코 쓰고 있는 말 가운데 비문법적이거나 어색한 표현들, 발음이나 뜻 구별이 어려워 혼동하는 말들, 그릇된 언어 습관으로 잘못 전해진 말들을 제4권 〈틀리기 쉬운 우리말〉에 두루 묶었습니다. 이 책 『우리말의 숨결』에서는 특히 여기 제4권에 비교적 많은 공을 들였음을 밝힙니다. 모두 104개 사례를 모았는데, 물론 이 밖에도 틀리기 쉬운 우리말 쓰임은 얼마든지 많을 것이라고 생각합니다.

　이 책의 모든 낱말과 표현들은 독자의 편의를 고려하여 각 권마다 가나다차례로 엮었습니다. 우리말을 다루는 데 있어 혹시라도 지은이의 생각이 미흡한 데가 있더라도 너그럽고 속 깊게 이해해 주시기를 부탁드립니다. 독자들이 이 책을 통하여 우리 곁에 있는 우리말의 숨결을, 그 온기를 느끼게 된다면 더없는 보람이고 영광이 될 것입니다.

　서툴고 거친 원고를 따뜻한 눈길로 바라보고 흔쾌히 출판을 허락해주신 박이정출판사의 박찬익 사장님과, 정년퇴직 후 몇 달 동안 마음 편히 원고를 모으고 매만질 수 있도록 도와준 아내에게 고마운 인사를 전합니다.

2024년 6월

성기지

순우리말과 들온말

|첫째 마당| 일상에서 찾는 순우리말

| 둘째 마당 | 우리말 속 외래어 이야기

일상에서 찾는 순우리말

순우리말은 토박이말이라고도 한다. '토박이말'이란 우리나라에 본디부터 있던 말이나 이를 바탕으로 새로 만들어진 말을 두루 포함하는 것으로, 한자말이나 외래어(=들온말)에 상대되는 말이다. 우리는 순우리말(=토박이말)과 한자말, 외래어 들을 섞어 쓰고 있기 때문에 일반적으로 한국어 곧 우리말이라고 하면, 순우리말과 한자말, 외래어 들을 함께 아우른다. 이 가운데 순우리말이야말로 우리 겨레의 정서와 고유문화를 오롯이 담고 있는, 우리 겨레의 숨결이라고 할 수 있다. 토박이말을 살려 쓰고 다듬어 쓰는 일에 더욱 공을 들여야 하는 까닭이다.

가랑비와 안개비

　본격적인 모내기철이 시작될 때쯤이면 농부들은 들판을 흠뻑 적셔주는 빗줄기를 고대하게 된다. 굵은 빗방울이 세차게 쏟아져서 들길이 온통 진흙 밭으로 변하더라도 농부의 입가에는 웃음이 떠올려진다. 굵고 세차게 퍼붓는 비를 '작달비'라고 한다. 작달비를 만나면 우산도 별 소용이 없게 되지만, 모내기철은 옷이야 흠뻑 젖건 말건 작달비가 그리운 시기이다.

　'작달비'와 반대되는 비가 '안개비', '는개', '이슬비', '가랑비' 들이다. 가늘고 잘게 내리는 비인 '잔비'도 있고, 겨우 먼지나 날리지 않을 만큼만 오는 '먼지잼'이란 비도 있다. 이 가운데 '잔비'는 국어사전에 가랑비의 다른 말로 올려놓았다. 그런데 가랑비는 어원이 잘못 전해지고 있는 말들 가운데 하나이다. 이슬비는 "이슬처럼 내리는 비"라 해서 붙여진 이름이지만, '가랑비'의 어원은 쉽게 알 수 없다. 그래서 많은 사람들이 '가랑비'의 어원을 "가늘게 내리는 비" 정도로 생각하고 있는데, 이는 올바른 어원이 아니다.

'가랑비'는 '가라'와 '비'가 합쳐진 말이고, '가라'는 안개를 뜻하는 우리 옛말이다. 그러므로 '이슬비'가 "이슬처럼 내리는 비"라면, '가랑비'는 "안개처럼 내리는 비"를 가리켰던 말이라고 할 수 있다. 그런데 지금의 '가랑비'는 "안개처럼 내리는 비"로 해석되지 않고, 그저 "가늘게 내리는 비" 정도로 쓰이게 되었다. 언제부턴지는 알 수 없지만 의미 변화가 일어난 것이다. 요즘에는 "안개처럼 내리는 비"는 따로 '안개비'라는 말로 나타내고 있다.

가리

'여줄가리'라는 토박이말이 있다. 본디의 몸뚱이나 원줄기에 딸린 물건을 가리키는 말이다. 휴대전화를 사면 딸려오는 액정 보호 필름이나 이어폰도 여줄가리이고, 사람 몸에 장신구로 쓰이는 머리띠나 머리핀, 귀고리, 반지, 팔찌 따위 액세서리들도 여줄가리라고 할 수 있다. 그러다 보니 토박이말 여줄가리는 중요한 일에 곁달린, 그리 대수롭지 않은 일을 나타낼 때 주로 많이 쓰이게 되었다.

여줄가리를 떼어내면 '졸가리'가 된다. 그래서 잎이 다 떨어진 나뭇가지를 졸가리라고 불렀고, 사물의 군더더기를 다 떼어 버린 나머지의 골자를 졸가리라 하게 되었다. 우리 눈에 보이고 우리 귀에 들리는 갖가지 정보들에서 졸가리를 찾기란 쉽지 않다. 그래서 정보 분석가라는, 졸가리를 찾는 꾼들이 생겨난 게 아닌가 한다. 이 졸가리의 큰말이 우리가 잘 아는 '줄거리'이다.

이 말들 외에 '가리'가 붙어 쓰이는 우리말은 무척 많은데, 대개는 어떤 물건 더미를 나타내는 말들이다. 볏단을 차곡차곡 쌓은 더미를 '볏가리'라 하고, 보리를 차곡차곡 쌓아 놓으면 '보릿가리'라고 한다. 지금도 농촌에서 자주 쓰이는 '짚가리'는 물론 짚단을 쌓아놓은 더미를 말한다. 눈에 보이지는 않지만, 빚더미와 동의어로 쓰이는 '빚가리'도 '가리'가 붙어 쓰이는 순우리말이다. 자꾸 늘어나기만 하는 가계의 빚가리, 나라의 빚가리가 국민의 근심이 되고 있어 그런지, '천지삐까리'라는 특정 지역 사투리가 '천지 빚가리'로 들리는 요즘이다.

가장비와 거위영장

    살아가면서 다른 사람으로부터 여러 가지 상처를 받기도 하고, 때로는 미워하는 마음을 갖기도 한다. 요즘엔 사람이 미울 땐 욕이나 험담을 하는 게 보통이지만, 우리 선조들은 이럴 때에 상대방에게 '놀림말'을 함으로써 마음을 풀었다. 놀림말은 상대방의 약점을 잡아 놀리거나 흉을 볼 때 쓰는 말인데, 비속어나 욕설과는 달리 남을 저주하는 뜻이 없고 말 자체가 비속하지도 않으며, 언어 유희적인 성격이 더 강하다.

    가령, 생김새나 행동이 거친 사람을 '가장비'(: 장비를 닮은 사람)라고 부르거나 머리털이 부수수하게 일어선 사람은 '도가머리', 그리고 재물에 인색한 사람은 '가린주머니'라 하는 등 대개 사람의 생김새나 성격, 특이한 습관 또는 이름으로 놀림말을 만드는 것이 가장 일반적이다.

놀림말 중에는 '거위영장'이니, '곧은창자'니 하는 말들도 있는데, 지금은 거의 쓰이지 않아 많은 사람들에게 낯설게 느껴진다. '거위영장'은 "여위고 키가 크고 목이 긴 사람"을 놀리는 말인데, 요즘 같으면 많은 사람들이 부러워하는 이런 체형이 옛날에는 놀림의 대상이었다는 사실이 매우 재미있다. 그리고 '곧은창자'는 "음식을 먹고 바로 화장실에 가는 사람"을 놀리는 말이다. 이 또한 변비로 고생하는 사람들이 많은 현대 사회에서는 놀림의 대상이라 할 수 없지만, 먹을 것이 귀했던 옛날에는 큰 허물이 되었을 것 같다.

간지라기와 가납사니

어떤 상황에 맞닥뜨렸을 때의 아주 어색하거나 거북한 느낌을 '간지럽다'고 표현할 수 있다. 억센 경상도 억양을 지닌 사람이 상냥한 서울 말씨를 어색하게 흉내 내서 말할 때, "귀가 간지러워 못 듣겠다." 라고 말할 수 있는 것이다. 가끔 보면, 생뚱맞은 아재 개그로 분위기를 이상하게 만든다든지 하는, 주변 사람의 몸이나 마음을 잘 간지럽게 하는 사람이 있다. 이런 낯간지러운 행동을 자주 하는 사람을 가리켜 '간지라기'라고 한다.

다른 사람의 마음을 간지럽게 하는 사람을 간지라기라고 하는 것처럼, 언행에 따라 사람을 나타내는 말 가운데 '가납사니'라는 순우리말이 있다. 여러 사람이 모여 있다 보면, 사람들이 별로 귀를 기울이지 않는, 그 자리에 어울리지 않는 말을 자꾸 하는 사람이 있을 수 있다. 이처럼 쓸데없는 말을 지껄이기 좋아하는 수다스러운 사람을 가납사니라고 한다. "가납사니 같은 사람들이 제멋대로 만들어낸 소문이다."처럼 쓸 수 있는 말이다.

수다스러운 사람 외에, 툭하면 말다툼을 일으키는 사람을 가리켜서도 가납사니라고 말한다. 아마도 가납사니는 주변 상황에 대한 판단력이 떨어지는 사람이 아닐까싶다. 사물을 판단할 만한 지각을 순우리말로 '가리사니'라고 한다. 숱한 사람들 사이에 섞여 나날을 보내다보면, 더러 가리사니가 부족한 사람들을 만날 수 있다. 행여나 이들 가리사니 없는 사람들이 우리 사회의 지도층에 있다면, 그것은 국민의 불행이 아닐 수 없다.

갈매기살과 홍두깨

음식점 차림표에서 '갈매기살'이라는 말을 흔히 볼 수 있다. 이를 갈매기 고기로 오인하는 사람은 거의 없다. 하지만 '갈매기'와 '살'을 띄어 쓰게 되면 이 말은 영락없이 갈매기 고기가 된다. '갈매기살'을 한 낱말로 붙여 써야 비로소 돼지고기가 된다. 이 갈매기살 요리는 서울의 마포에서 퍼져 나간 음식이란 말이 있다. 우리가 잘 아는 '주물럭'이라는 불고기 구이도 마포가 원조라고 한다. 어쨌든 갈매기살도 불고기 구이의 한가지인데, 쇠고기 같은 맛을 가진 담백한 돼지고기이다.

돼지고기가 어떻게 해서 갈매기살이라는 이름으로 변했을까? 갈매기살을 요리하기 전에 날것으로 보면 꼭 보자기처럼 얇고 너덜너덜하게 생겼다. 이 살은 돼지의 가슴과 배 사이에 있는 횡격막이다. 횡격막은 우리말로 '가로막'이다. 그러기 때문에, 횡격막 곧 가로막을 이루는 살이 '가로막살'인 것이다. 이 '가로막살'은 '가로막의 살' 또는 '가로막이 살'이라고 불리다가, '갈막이살'로 줄여서 일컫게 되었고, 뒷날 다시 '갈막이살'이 '갈매기살'로 소리가 변하여 굳어졌다.

돼지고기뿐 아니라, 소고기 또한 부위별로 가리키는 우리말들이 무척 많다. 그 가운데 '홍두깨'가 있다. 옛날 우리 선조들이 다듬이질할 때 쓰는 나무 방망이를 '홍두깨'라고 말하는데, 이 말은 또 소의 볼기살을 가리키는 말이기도 하다. 소의 허리 밑으로 넓적다리 윗부분까지의 엉덩이 언저리에 붙은 살을 '홍두깨', 또는 '홍두깨살'이라고 한다. 이 부위를 한자말로는 '우둔'이라고 하는데, 아무래도 '우둔'보다는 '홍두깨'가 더 정감 있게 느껴지는 말이다.

개밥바라기와 길잡이별

　　이른 새벽 희끄무레하게 밝아오는 하늘을 비추는 금성을 우리 선조들은 '샛별'이라고 부르며 문헌에는 계명성(啓明星)이라고 적었다. 그렇다고 금성이 언제나 '샛별'인 것은 아니었다. 금성이 반짝이는 위치에 따라 특별한 우리말 이름을 하나 더 지어 주었다. 바로 '개밥바라기'이다.

　　'개밥바라기'는 해 진 뒤에 서쪽 하늘에 반짝이는 금성을 가리키는 우리말이다. 어스름해진 하늘을 비춘다 하여 어둠별이라고 부르는 지역도 있었고 한자말로는 태백성이라고 했는데, 그 어느 이름도 '개밥바라기'만큼 운치가 있지는 않다. 우리 선조들은 음식을 담는 조그마한 사기그릇을 바라기라 하였으니, 개밥바라기는 아마도 개 밥그릇을 가리키는 말이 아닌가 한다.

　　그러면 왜 어두운 하늘의 금성을 하필이면 개밥바라기라 했을까?

정확히는 알 수 없으나, 집집마다 마당에 키웠던 개와 관련 있는 것만은 틀림없다. 저녁이면 허기진 개가 낮에 먹던 빈 바라기를 윤이 나도록 싹싹 핥았고, 이와 비슷한 무렵에 서쪽 하늘에서 금성이 반짝거리고 있으니 이를 개밥바라기라 불렀음직하다. 이 개밥바라기 말고도 어두운 밤하늘에는 방향을 알려 주는 별이 또 있다. 북극성과 북두칠성이 그것인데, 그래서 북극성이나 북두칠성에는 '길잡이별'이라는 우리말이 따로 있다.

개치네쒜

지하철을 이용하면서 가장 두려운 것은 재채기이다. 알레르기성 비염을 앓고 있어서 철이 바뀔 때마다 재채기와 콧물을 달고 살기 때문이다. 지난 세월 동안은 그저 민망할 뿐이었던 재채기가 코로나19 사태를 겪으며 공포로 다가왔다. 좁은 찻간에서 코나 목구멍이 근질거리기 시작하면 식은땀이 난다. 마스크가 얼마간 공포의 방패 구실을 해주는 것이 그나마 다행이다.

우리말에서 재채기 소리를 나타내는 소리시늉말은 흔히 '에취'로 쓰인다. 옛날에도 역시 재채기는 민망한 생리 현상이었을 것이다. 한편으로는 감기 걸릴 기미를 나타내기도 했으므로, 슬기로운 우리 한아비들은 재채기 뒤에 민망함을 덮고 감기를 내쫓으려는 느낌씨를 덧붙였다. 그게 바로 '개치네쒜'이다. "에취, 개치네쒜! 이놈의 감기 제발 좀 달아나라." 하고 재채기를 한 뒤에 이 소리를 외치면 감기가 들어오지 못하고 물러간다고 믿었다.

강원도 지방에서는 '개치네시'라 하고 비슷한 말 가운데 '에이쒜'가 있는 것으로 보아, '개치네쒜'는 '개치네'와 '쒜'의 합성어로 여겨진다. '개치네', '에이'는 모두 재채기 소리를 나타내는 소리시늉말인 듯하고, '쒜'는 이 재채기를 다스리기 위해 덧붙인 느낌씨가 아닐까 한다. 실제로 '쒜', '쒜쒜'는 어린아이가 다쳐서 아파할 때 다친 곳을 만지며 위로할 때 내는 소리로 사전에 올라 있다.

거스러미와 구레나룻

살결이 매끄럽지 않고 거칠어지면 '거슬거슬하다'고 말한다. 좀 더 심해져서 까칠해지면 '까슬까슬하다', '꺼슬꺼슬하다' 따위 센말로 표현할 수 있다. 요즘 같은 겨울철에는 손끝 부분이 잘 트기도 하고 살갗이 일어나는 경우도 많은데, 까슬까슬해진 손끝은 명주실로 짠 이불에만 스쳐도 따갑다. 그러나 손톱이 박힌 자리 주변에 살짝 일어난 살갗은 이보다 훨씬 따갑고 신경 쓰인다. 이렇게 일어난 살갗을 '거스러미'라고 한다. 그런데 나무의 결이 가시처럼 얇게 터져 일어나는 부분도 거스러미라고 하기 때문에, 손톱 주변의 살 껍질이 일어나는 것은 따로 '손거스러미'라 하기도 한다.

거스러미를 흔히 '꺼스러기', '꺼스렁이' 들로 잘못 알고 있는 것처럼, 귀밑에서 턱까지 잇따라 난 수염을 가리켜서 '구렛나루'라고 알고 있는 사람들이 의외로 많다. 바른 말은 '구레나룻'이다. 들이나 밭에

나가면 지대가 낮아서 물이 늘 괴어 있는 땅이 있는데, 이러한 곳을 '구레'라고 한다. 누워 있는 사람의 얼굴을 옆에서 보면, 얼굴의 가장 낮은 곳이 귀밑에서 턱까지 이르는 부분이다. 이 부분에 나 있는 수염이니 '구레나룻'이다. 또, 한자말 '수염'에 해당하는 순우리말이 '나룻'이니, 되도록 '나룻'의 쓰임새도 넓혀 갔으면 좋겠다.

건들바람과 보늬

　　팔월 한가위 명절을 쇠고 나면 아침에 집을 나설 때, 그리고 저녁에 집으로 돌아갈 때 선선한 가을바람이 옷깃에 스며든다. 흔히 가을에 부는 선선한 바람을 그냥 가을바람이라 말하고 있지만, 가을바람에도 각각 그 나름의 이름이 있다. 요즘 같은 초가을에 선선하게 부는 바람을 건들바람이라고 한다. 보통 한여름에 땀을 식혀줄 정도로 시원하고 가볍게 부는 바람을 산들바람이라고 하는데, 이 바람이 좀 서늘해지면 지금과 같은 건들바람이 되는 것이다. 일이 없어 빈둥거리거나 건방지게 행동할 때 건들거린다고 하지만, 사실 '건들거리다'는 말은 "바람이 부드럽게 살랑살랑 불다."는 뜻을 지닌 고운 우리말이다.

　　가을과 잘 어울리는 우리말 가운데 '아람'이란 말이 있다. 밤이 완전히 익어서 저절로 떨어진 열매를 알밤이라 하는데, 알밤이 떨어지기 직전에 밤송이가 다 익어 벌어진 상태를 '아람이 벌어졌다'고 말한다. 또, 그렇게 벌어져서 떨어진 알밤 자체를 아람이라 부르기도 한다. 아람을 주워 겉껍데기를 벗겨내면 그 알맹이를 싸고 있는, 얇고 맛이 떫은 속껍질을 만난다. 흔히 사람들이 '떫은 속껍질'이라고 부르고 있지만, 우리말에 이것을 가리키는 '보늬'라는 말이 있다. 밤의 속껍질뿐만 아니라, 도토리의 속껍질도 마찬가지로 '보늬'라고 한다. 밤과 도토리의 알맹이에 보늬를 씌우는 것은 건들바람이지만, 가을 한복판에서 밤과 도토리의 보늬를 벗겨내는 일도 건들바람의 몫이다.

고랑과 이랑

산과 들이 기지개를 켜고, 얼었던 논밭에도 새 생명의 기운이 꿈틀대는 봄이다. 산자락에 매달린 밭에서는 벌써 호미를 들고 밭이랑을 고르는 어르신들의 모습도 눈에 띈다. '이랑'이란 말은 밭농사를 짓는 분들에겐 무척 친숙한 낱말이다. 그런데 그분들 가운데서도 이랑과 고랑을 혼동하는 경우가 많다. 이랑은 밭을 갈아 골을 타서 두두룩하게 흙을 쌓아 만든 곳이고, 고랑은 그 두둑한 땅과 땅 사이에 길고 좁게 들어간 곳이다. 이랑에선 모종이 자라고 고랑으론 빗물이 흘러든다.

밭농사는 반드시 고랑과 이랑을 만들어야 한다. 흙을 깊이 갈아엎어서 흙덩이를 잘게 부수고 고른 다음, 고랑에서 파 올린 흙으로 이랑을 만들어 씨앗을 넣거나 모종을 옮겨서 가꾼다. 이 두두룩한 부분을 두둑이라 부르고 사전에도 그렇게 되어 있지만, 본디는 이랑이라고 했다. 이랑은 높아서 물기가 차이지 않아 채소나 곡식을 키우는 터전이 되는 곳이고, 고랑은 제 흙을 이랑에 넘겨주고 스스로 낮아진 곳이다. 그래서 세상 이치를 "이랑이 고랑 되고, 고랑이 이랑된다."고 빗댄 속담이 있다.

사람이 살아가는 세상의 모든 일은 어느 때가 되면 뒤집혀서 공평해지기 마련이라는 뜻인데, 이 속담은 새길수록 신묘하다. 다른 사람의 어려움을 이용하여 돈벌이에 골몰하는 분들, 그밖에 부와 권력의 중심에 있는 많은 분들이 요즘 되새겨 보아야 할 속담인 것 같다.

구름다리와 섬다리

우리말 '산봉우리, 산마루, 산줄기, 산비탈, 산자락, 산기슭' 가운데 '산줄기'가 일본식 한자말 '산맥'으로 바뀌어 버렸다. 북한에서는 아직 '산줄기'라 한다. '백두대간'이라 할 때의 '대간'이나 '정맥, 지맥'들의 '간, 맥'이 다 '줄기'라는 말이다. '산맥'을 '산줄기'라고 살려 쓰면 남북한 언어의 차이도 줄어들 것이다.

우리가 '육교'라고 부르는 것도 일본말이다. 이러한 형태의 다리를 중국에서는 '하늘다리'라 하고, 우리는 '구름다리'라고 한다. 일본말 '육교'는 '뭍에 있는 다리'이니 가장 좀스럽고, '하늘다리'는 지나친 과장이고, 우리말 '구름다리'가 알맞고 정겹다. 이름 짓는 방식에서도 민족성이 엿보인다. 이 말과 비슷한 경우로, 요즘 들어 '연륙교'라 부르는 다리가 있는데, 섬과 뭍 사이에 놓인 다리이다. 우리말로는 '섬다리'다.

우리말에는 '선착장'이란 말이 없다. 이것은 일본말 'ふなつきば

[船着き場]'(후나츠키바; 배 닿는 곳)를 한자로 적은 것인데, 일본식으로 적힌 한자를 우리는 우리식 한자음으로 읽은 것이 '선착장'이다. 우리 말로는 '나루'다. 여의도 선착장은 본디 '노들나루'였는데, 서울시에서 1970년대 이후부터 '여의도 선착장'으로 바꾸어 이름 붙인 것이다. 이렇게 행정 관청에서 오염시킨 우리말이 수없이 많다. 이제부터라도 정부에서 앞장서서 우리말을 다시 맑히는 일에 나서야겠다.

군것과 군달

끼니 외에 먹는, 필요 없는 군음식을 군것질이라 하는 것처럼, 쓸데없다는 뜻이 담긴 접두사 '군'이 붙은 우리말은 매우 많다. 앞일에 대해 쓸데없는 걱정을 하면 '군걱정'이고, 노래 부를 때 원래 악보와는 아무 관계없이 곁들이는 가락은 '군가락'이 된다. 어떤 목적을 이루기 위해 왔다가 그걸 이루지 못하면 '헛걸음'이 되지만, 아무 목적도 없이 공연히 왔다면 그건 '군걸음'이 된다.

없어도 좋을 쓸데없는 것을 '군것'이라 한다. 그래서 없어도 되는데 쓸데없이 있어서 거추장스러운 마음을 '군것지다'고 나타낸다. "군것지니까 따로 연락하지 마세요.", "우리 회사에 군것진 사람은 없습니다."처럼 쓸 수 있는 말이다. 그런가 하면, 우리 관용구에 '군눈을 뜨다'는 말이 있다. "늘그막에 군눈을 떠 아내 속을 썩였다."처럼, 주로 외도에 눈을 돌리게 될 때에 이 말을 썼다. 보지 않아도 되는, 쓸데없는 것을 보는 눈이 '군눈'임을 알 수 있다.

　그렇다고 '군'이 붙은 우리말이 모두 쓸데없는 것을 나타내는 건 아니다. 음력으로 세는 열두 달은 태양력의 365일보다 11일 가량이 짧기 때문에, 3년에 한 달, 또는 8년에 석 달의 군달을 넣지 않으면 계절과 어긋나게 된다. 이때의 군달은 꼭 필요한 달이다. 이 군달을 언제부터인가 한자말 윤달로 부르고 있다. '윤달'은 군말이다.

그린비와 단미

　아내가 남편을 부르거나 남편이 아내를 부를 때 가장 보편적인 부름말은 '여보'이다. 본디는 '여봐요'라고 불렀었는데, 한 5, 60년 전부터 이 말이 줄어든 형태인 '여보'라는 말이 흔하게 쓰이기 시작하면서, 오늘날 표준어가 되었다. 흔히 아내가 남편을 부를 때, '자기', '오빠', 심지어는 '아빠'라는 부름말을 쓰는 철없는 아내들도 있다. 이들은 모두 부름말로든 가리킴말로든 쓰지 않는 것이 좋다. 특히, '오빠'나 '아빠'는 자기의 친정 오라버니나 친정아버지를 부르는 것인지 남편을 부르는 것인지 혼란스럽다.

　남편이 아내를 부를 때에도 부름말을 잘 가려 써야 한다. '여보', '여보게', '임자'라는 말들이 전통적인 부름말이다. 아직도 아내를 '이 봐'라고 부르거나, '야!' 또는 '어이!'로 부르는 남편들이 있다면, 일단 혼인 관계를 유지할 뜻이 없다고 보아야 한다. 부모에게 아내를 가리켜 말할 때에는, 아이가 있으면 아이 이름을 앞에 두어 누구 '어미'나 '어멈'이라 하고, 아이가 없으면 '이 사람, 그 사람, 저 사람'으로 부르면 된다. 전통적으로는 부모 앞에서 아내를 가리켜 누구 '엄마'라 하지 않으며, '집사람, 안사람, 처'라는 가리킴말도 예의에 어긋나는 것이었다. 그러나 국립국어원에서 2011년 이후 표준 화법을 보완하여 이와 같은 가리킴말들을 허용하였다.

1960년대에 외솔 최현배 님이 길옥윤 님에게 보낸 편지에서, 부부 간의 부름말을 '그린비'와 '단미'로 지어 부른 적이 있다. (이 편지는 그 당시 길옥윤 님이 라디오에서 소개하였었다.) '그린비'는 아내가 남편을 부르는 부름말로서, '그리운 선비'를 줄인 것이다. '선비'는 남자를 공손하게 부르는 말이다. 그리고 '단미'는 남편이 아내를 부르는 부름말인데, '달콤한 여자'라는 뜻이다. '미'는 우리말에서 여성을 뜻하는 뒷가지(접미사)로 쓰인다. 이와 같이 상대방을 존중하면서도 어감이 예쁜 우리말을 잘 살려 쓰면, 부부간의 금실도 더욱 좋아질 것이라 생각한다.

금새와 장금

흔히 '시세'나 '시가'라고 하면 '일정한 시기의 물건 값'을 말한다. "요즘 시세가 좋다."고 하면, 요즘의 물건 값이 좋다는 뜻이 되겠다. 그런데 시장을 보러간 주부들이 두부나 달걀을 사면서 "요즘 식료품 시세가 많이 올랐네."라고 말하지는 않는다. 두부 값이나 달걀 값을 말할 때에는 시세 대신에 우리말 '금새'를 사용하면 된다. '금새'는 물건 의 값을 말하기도 하고, 또는 물건 값의 비싸고 싼 정도를 뜻하기도 하는 순우리말이다. 그리고 시장에서 물건을 팔고 사는 금새를 '장금' 이라고 한다. 채소나 고기 값이 많이 오른 것 같으면 소비자 입장에서 "오늘은 장금이 좋지 않구나." 하고 말할 수 있다.

할인점이나 옷가게에 가보면 '바겐세일'이니, '디스카운트'니 하는 문구들을 걸어놓은 모습들을 흔히 볼 수 있다. 본디 우리말에서는 물건 값을 정가보다 낮추는 것을 '에누리'라고 한다. 이 말은 '에이다'에서 나왔다고 하는데, '에이다'는 베어 낸다, 잘라 낸다는 뜻이다. "살을 에이는 듯한 추위"라고 하면, 마치 살이 베어져 나가는 것처럼 혹독한 추위를 말하는 것이다. 그래서 '에누리'는 말 그대로 물건 값의 일부를 베어 낸다는 뜻을 담고 있다. 디스카운트, 바겐세일의 물결을 헤치고 에누리가 본디의 자리를 찾기 바란다.

꽃샘이 다녀간 뒤에

겨울이 물러나면 꽃을 시샘하는 꽃샘추위가 이어진다. 꽃샘이 다녀가고 나면 산과 들은 일제히 꽃을 피울 준비들을 한다. 그렇게 피어나는 꽃잎만큼이나 우리말에는 '꽃'이 붙어 이루어진 표현들이 많다.

잠깐 동안 눈이 꽃잎처럼 가볍게 흩뿌리듯이 내리면 '꽃눈'이고, 비가 꽃잎처럼 가볍게 흩뿌리듯이 내리면 "꽃비"이다. 비나 눈이 아니라 진짜 꽃잎이 바람에 날려 흐드러지게 떨어지는 것을 "꽃보라"가 날린다고 한다. 이렇게 꽃보라가 날리는 들판을 걷다 보면 꽃향기에 취하여 어지러운 느낌이 들기도 하는데, 이것을 "꽃멀미"라고 한다. 게다가 하늘에는 여러 가지 빛을 띤 아름다운 구름까지 있으면 꽃멀미는 더욱 심해지게 마련인데, 이때 여러 가지 빛을 띤 아름다운 구름은 "꽃구름"이라고 부른다.

꽃이 붙은 말은 사람에게도 여럿 있다. 아이가 자라서 사춘기가 되면 덩치도 부쩍 커지고 목소리도 변하게 되는데, 이 시기에는 어릴 때 보지 못하던 새로운 기운이 솟아난다. 이처럼 사춘기에 솟아나는 기운을 "꽃기운"이라고 한다. 꽃기운을 잘 이끌어주어서 사회의 재목이 되게 하는 것이 부모의 도리이다. 여자의 경우, 스무 살 안팎의 한창 젊은 나이를 방년 또는 묘령이라고 하는데, 순우리말로는 "꽃나이"라고 한다. 꽃나이를 향기롭게 지낼수록 그만큼 좋은 배필을 만나 혼인을 치르게 된다. 가슴 설레며 맞이하는 혼인 첫날밤의 잠을 "꽃잠"이라고 한다. 꽃잠을 자고 난 신부의 모습은 꽃처럼 아름다워 보이기 마련인데, 꽃처럼 아름다운 모습을 "꽃모습"이라고 한다.

나락과 바심

우리 마을 큰 가게에 가서 햅쌀 한 포대를 사며 가게 직원에게 "올해 수확한 나락을 타작한 거 맞지요?" 하니, 나락을 못 알아듣는다. 수도권에서 나고 자란 젊은이들에게는 벼를 '나락'이라고 부르는 게 낯설 만도 하다. 그러니 타작을 '바심'이라고 했다면 이방인 취급을 받았을 것 같다. 가을걷이가 끝난 농촌의 들에는 나락을 바심하고 난 짚을 말아서 쌓아놓은 모습을 흔히 볼 수 있었는데, 요즘엔 그마저 보기 어렵게 되었다.

나락이 낯선 이들도 논에서는 벼가 자라고 이 벼를 바심하여 쌀을 얻는다는 것을 잘 안다. 벼의 낟알을 떨어낸 줄기가 볏짚이란 것도 대개 알고 있다. 하지만 이 낟알을 찧어 쌀을 빼고 난 껍질이 겨라고 하면, 또 그 겨도 쌀의 고운 속겨인 쌀겨와 겉겨인 왕겨로 분리하여 그 쓰임이 다르다고 하면, 이 또한 낯설어하는 이들이 많다. 그러한 이들에게 우리말 '쓿다'는 아마도 외계어 취급을 받을지도 모르겠다.

벼를 찧어 속꺼풀을 벗기고 깨끗하게 하는 것을 '쓿는다'고 한다. 이렇게 쓿어 놓았는데도 아직 껍질이 벗겨지지 않은 벼 낱알이 섞여 있을 수 있는데, 그것을 '뉘'라고 한다. 이 뉘가 몇 안 되면 골라내기도 하지만, 많이 섞여 있으면 한 번 더 쓿어야 한다. 이렇게 벼를 쓿을 때 생기는 부스러진 쌀알을 가리켜 '싸라기'라 하였다. 유독 가난했던 어린 시절, 어머니는 이 싸라기를 얻어다가 시래기를 넣어 죽을 쑤어 주시곤 했는데, 이제 나이 들어 되돌아보니 그 부드러운 싸라기 죽이 새삼 그리워진다.

눈그늘과 멋울림

    주로 여성들이 나이가 들면서 신경을 많이 쓰게 되는 '다크서클'은 외국어에 상관없이 살아가는 분들에게는 이해하기가 어려운 말일 수 있다. 그래서 국립국어원에서는 '우리말 다듬기' 사이트를 통해 이 말을 '눈그늘'로 다듬었다. 눈그늘이라고 하면 우리나라 사람 누구나 얼른 이해할 수 있는 용어라고 할 수 있으니, 이제 '다크서클'은 왔던 곳으로 되돌려 보내도 될 듯하다.

    프로야구 경기장에서 경쾌한 음악에 맞춘 율동으로 관중의 응원을 이끌어가는 '치어리더'는 응원 문화의 꽃이라고 할 수 있는데, '치어리더'는 (국립국어원에서) '흥돋움이'라는 말로 다듬었다. 또 여름밤의 낭만을 불태우는 '캠프파이어'도 우리말 '모닥불놀이'로 순화하였다. '흥돋움이'나 '모닥불놀이'는 그동안 쓰던 '치어리더', '캠프파이어'와 꼭 같은 글자 수로 다듬어서, '우리말로 옮기면 길어진다'는 고정관념을 떨어 없애주었다. 승리를 축하하는 '하이파이브'도 글자 수에 맞추어 '손뼉맞장구'로 다듬어 널리 권장하고 있다.

특히, 휴대전화로 신호를 보낼 때 들을 수 있는 '컬러링'은 매우 이해하기가 어려운 외국어인데, 이것을 '멋진 울림소리'를 줄여서 '멋울림'이라는 말로 순화하였다. 순화어 가운데는 아름다운 우리 옛말을 잘 살려낸 말도 많다. '팬미팅'이란 외래어를 다듬은 '다솜모임'이라든가, 인터넷 '블로그'를 순화한 '누리사랑방'이란 말들은 오늘부터 널리써 나가기에 조금도 모자라지 않다.

눈망울과 콧방울

흔히 맑은 '눈망울'이라고 하는데, 이것은 구체적으로 눈의 어떤 부분일까? 보통 눈알 앞쪽의 도톰한 부분을 가리키거나 또는 눈동자가 있는 곳을 눈망울이라 한다. 그러니 눈동자와는 조금 다르다. 비슷한 말 가운데 '꽃망울'이 있는데, 아직 피지 않은 어린 꽃봉오리를 꽃망울이라고 한다. 더위가 일찍 찾아오면서 북한산 아카시아 꽃이 이미 활짝 피었다. 열흘 전에만 해도 꽃망울이 송송했던 가지가 눈부시게 하얀 꽃들을 가득가득 매달고 있다.

눈망울이 있는가 하면 '콧방울'도 있다. 코끝 양쪽으로 둥글게 방울처럼 내민 부분을 콧방울이라 한다. '눈망울', '콧방울' 하니까 '귓볼'이란 말을 짚어보지 않을 수 없다. 어른들이 하시는 말씀 가운데 "귓볼이 두둑해야 수명이 길다."라고 하는 표현이 있는데, 이때의 '귓볼'은 올바른 말이 아니다. 표준말은 '귓불'로 쓰는 것이 맞다. 귓바퀴의 아래쪽에 붙어 있는 살이 귓불이다. '귓밥'은 바로 이 '귓불'과 같은 말이다. '귓불이 두둑하다' 대신 '귓밥이 두둑하다'로 쓸 수도 있다. 가끔 귓구멍 속에 낀 때를 '귓밥'이라고 말하는 사람들도 있는데, 이때 는 '귀지'가 표준말이다.

우리 몸에 관한 말 가운데 뜻밖에 잘못 알기 쉬운 것들이 여럿 있다. 그 가운데 발음 때문에 혼동되는 사례로, '눈꼽'이 있는가 하면 '손꼽', '발꼽'도 있다. '눈꼽'은 (발음은 [눈꼽]이지만) '눈곱'으로 적어야 한다. 마찬가지로, 손톱 밑에 끼어 있는 때를 가리키는 말은 '손곱'(발 음은 [손꼽])이고, 발톱 밑에 끼어 있는 때는 '발곱'(발음은 [발꼽])이라고 한다.

다모토리

다모토리라고 하면 언뜻 듣기에는 일본말처럼 느껴지기도 하지만, 한글학회에서 펴낸 『우리 토박이말 사전』에 실려 있는 순우리말이다. 이 사전에는 다모토리를 "큰 잔으로 파는 소주, 또는 그런 술을 마시는 일"이라고 올려놓았는데, 국립국어원에서 구축하고 있는 〈우리말샘〉에서는 다모토리가 주로 함경북도 지방에서 '선술'의 뜻으로 쓰이던 말이라고 소개하고 있다.

예전에는 큰 술잔으로 마시는 '대폿술'이 흔했다. 술을 별 안주 없이 큰 그릇에 따라 마시는 것을 '대포 한잔 한다'고 했고, 막걸리를 큰 잔에 담아 파는 술집을 대폿집이라고 했었다. 아마 북쪽 지방에서는 소주를 큰 잔에 담아 파는 집을 다모토릿집이라고 했던 것 같다. 일본의 전통적인 다찌노미나 이자카야처럼, 다모토릿집은 옛 시대에 우리 한아비들의 시름을 달래주던 선술집이 아니었나 생각된다.

서울의 신촌이나 홍대 앞, 건대 앞 등 젊음의 거리 곳곳에 이 다모토리를 간판으로 내건 술집들이 있다. 그런데 이 가게들 중 몇 곳은 이른바 '헌팅 술집'으로 알려져 코로나19가 유행할 당시에는 바이러스 감염원이 되었다는 까닭으로 눈총을 받기도 했다. 코로나19 방역 지침을 지키기 위해 온 국민이 고통을 나누고 있는 때에, 헌팅 술집을 통해 바이러스가 확산되었다고 하니 비난을 받을 수밖에 없었다. 다모토리는 언제까지나 서민들의 소탈한 음주문화가 녹아 있는 선술집으로 남아 있기를 바란다.

다사로운 손길

설을 맞아서 외지에 나가 살던 자녀들이 부모님을 찾아뵈면 비워 두었던 방에도 난방을 하게 되는데, 오랜만에 불을 때면 방바닥이 금세 뜨거워지지 않고 조금씩 온기가 올라온다. 그러다가 밤이 되면 '알맞게 따뜻해'지는데, 이런 것을 '다습다'라고 말한다. "다스운 온돌방에 모여 앉아 이야기꽃을 피웠다."라고 말할 수 있다. 흔히 어르신들이 "따신 방에"라고 말할 때의 '따신'은 '다스운'에서 비롯한 말이다.

그리고 '조금 다습다'라는 뜻으로 쓸 때는 '다스하다'라고 말한다. "다스한 봄 햇살이 툇마루에 비친다."라고 하면 다스운 온돌방보다는 봄 햇살이 조금 덜 따뜻하다는 표현이다. 이런 다스함이 온돌방이나 햇살에만 있는 것이 아니라, 사람에게도 있다. 사람에게 다스한 기운이 있을 때는 '다사롭다'라고 표현한다. "다사로운 어머니의 손길" 같은 말이 그러한 예이다.

우리 옛말 가운데 '다솜'(물론 [다솜이 정확한 발음은 아니겠지만)이 사랑이라는 뜻을 지니고 있다고 한다. 그렇다면 '다솜'도 '다사롭다'와 관계가 있는 말이라고 할 수 있다. 사람과 사람 사이에 오가는 다사로운 정을 표현한 말이니, '다습다', '다사롭다'와 같은 형용사와 '다솜'이란 명사는 한 뿌리에서 나온 말일 것으로 생각된다. 흔히 동사나 형용사가 그 형태를 일부 바꾸어 명사로 변해서 쓰이고 있기 때문이다.

돈에 관한 순우리말

    돈을 많이 버는 것은 서민들의 공통적인 소망이 아닐까 하는 생각이 든다. 현재 쓰이고 있는 종이돈 가운데 가장 큰돈이 오만 원짜리인데, '오만'이라는 숫자는 옛날 우리 선조들이 아주 큰 것을 가리킬 때 흔히 쓰던 말이다. 그래서 '매우 많은 수량'을 뜻하는 '오만'이라는 명사가 우리말에 따로 있을 정도이다. "오만 가지 생각을 한다."고 하면, 사람이 할 수 있는 갖가지 생각을 다 한다는 뜻이다. 또, 수다스럽게 수없이 떠드는 소리를 '오만소리'라고도 한다. 이 '오만'을 순우리말로 바꾸면 '닷골'이 된다. '닷'은 '다섯'의 준말이고, '골'은 '만'을 뜻하는 우리말이다. '골백번'이라는 말이 있는데, 이때 '골'은 '만'이기 때문에, '골백번'이라고 하면 만의 백 배 곧 백만 번이란 뜻이 된다. 그리고 만의 만 배인 '억'은 순우리말로 '잘'이라고 한다.

    이렇게 큰돈과는 반대로, 아주 적은 돈을 '땅돈'([땅똔]으로 소리냄)

이라 한다. "내 주머니에는 땅돈 한 푼 없다."고 말한다. 요즘에는 '땡전 한 푼 없다'고 하는데, 이때의 '땡전'은 '땅돈'에서 나온 말이다. 우리말에서는 몹시 작은 것을 표현할 때 '땅'을 붙이는 예가 더러 있는데, 키가 아주 작은 사람을 '땅꼬마'라 부르는 것도 그러한 사례이다. '땅돈'과 비슷한 말이 '푼돈'이다. '푼돈'의 반대말인 '목돈'은 '모갯돈'이라고도 하고 또는 '덩어리돈'이라고도 한다. '푼돈'은 '적은 액수로 나뉜 돈'을 말하기도 해서, "목돈으로 받아 푼돈으로 낸다."와 같이 쓰기도 한다. 요즘에는 목돈을 푼돈으로 나누어서 다달이 치르는 것을 '월부금'이라고 하지만, 우리 선조들은 우리말로 '달돈'(달뙨으로 소리냄)이라고 말했다. 또, 해마다 얼마씩 나누어 갚는 돈은 '햇돈'이라고 한다. 옛날에는 '햇돈'으로 갚기로 약속하고 집을 사거나 돈을 빌리는 경우도 많았다고 한다.

　돈에 관한 순우리말 가운데, '웃돈'이나 '살돈'과 같은 말들도 있다. '웃돈'은 "본래의 값에 덧붙이는 돈"을 말하는데, '덧돈'과 같은 말이다. 슬그머니 들어와 자리잡고 있는 외국말 '프리미엄'은 '웃돈'이나 '덧돈'으로 순화해서 쓰는 것이 바람직하다. 그리고 어떤 일을 하여 밑졌을 때에 본래의 밑천이 되었던 돈을 내 살과 같은 돈이라고 해서 '살돈'이라고 한다. "주식 투자를 해서 살돈을 축냈다."처럼 쓴다. 돈에 관한 우리말 가운데 특히 재미있는 말이 '꾹돈'이다. 뇌물로 주는 돈을 "꾹 찔러주는 돈"이라는 뜻으로 '꾹돈'이라고 한다. 우리 토박이말들을 만나보면 그 말에 담긴 조상들의 생각과 문화를 느낄 수 있다.

동살과 새벽

지금은 자주 들어볼 수 없는 말이 되었지만, '동살'이라는 순우리말이 있다. '동살'이라고 쓰고, 말할 때에는 [동쌀]이라고 소리낸다. 동살은 "새벽에 동이 틀 때 비치는 햇살"을 나타내는 아름다운 토박이말이다. "동살이 들기 바쁘게 거실 창 안으로 해가 비쳐 들었다."처럼 쓸 수 있다. 이 말은 또, '동살 잡히다'는 관용구로 널리 쓰여 왔는데, 우리 선조들은 동이 터서 훤한 햇살이 비치기 시작하는 모습을 "동쪽 하늘에 부옇게 동살이 잡혀 오고 있다."라고 표현해 왔다.

막 먼동이 트려고 하는, 날이 밝을 무렵을 가리키는 말이 '새벽'이다. 그렇게 본다면, 오전 1시부터 4시 전까지는 새벽이라 할 수 없다. 요즘엔 4시가 넘어서 5시로 향할 때쯤 먼동이 트기 시작하니, 대개 4시 무렵부터 비로소 새벽이 시작되는 것이다. 새벽을 또 나누어, 아주 이른 새벽은 '꼭두새벽'이라 하고, 아직 어스레한 새벽은 '어둑새벽'이나 '어슴새벽'이라 한다.

그런데 요즘에는 자정이 지나 아침이 되기 전까지를 그냥 새벽으로 생각하는 경향이 있어서, 텔레비전 뉴스에서도 '새벽 1시', '새벽 2시'라고 보도하는데 이것은 알맞은 표현이라고 생각되지 않는다. 도시 사람들은 자정이 넘어야 잠자리에 드는 것이 대수롭잖은 일상이 되었기 때문이다. 이때는 '낮 1시, 낮 2시'와 대비하여 '밤 1시, 밤 2시'로 말하는 것이 합리적이 아닐까?

뒷산 자드락에 밭을 일구며

.

우리 민족은 산을 무척 사랑한다. 그래서 산과 관련된 우리말 또한 비교적 풍부한 편이다. 산에 관하여 흔히 알고 있는 낱말들이, '산기슭, 산마루, 산비탈, 산모퉁이, 산모롱이, 산등성이, 산자락' 같은 말들이다. 이 가운데 '산기슭'이나 '산비탈', '산등성이'는 대부분 어느 부분인지 잘 알고 있지만, '산모퉁이'와 '산모롱이', '산마루', '산자락' 들은 정확하게 어느 곳을 말하는지 헷갈려 하는 이들이 많다.

잘 알고 있는 것처럼 산의 아랫부분을 '산기슭'이라 하는데, 이 산기슭의 쑥 내민 귀퉁이를 두고 바로 '산모퉁이'라고 한다. 그런가 하면, 산모퉁이를 휘어져 돌아가는 부분은 '산모롱이'로 부른다. 보통 산기슭은 나지막하게 펼쳐져 있는데, 이 산기슭의 비스듬히 기울어진 땅을 '자드락'이라고 한다. "뒷산 자드락에 옥수수 밭을 일구며 산다." 처럼 쓰는 말이다. 자주 쓰지 않아서 생소하게 들리지만, 잘 살려 써야 할 소중한 우리말이다.

  '산등성이'가 산의 등줄기를 가리킨다는 것은 대부분 알고들 있는데, 이 부분의 어디쯤을 '산마루'라 하는지 궁금할 때가 있다. '산마루'는 본디 '산등성마루'의 준말이다. '마루'가 가장 높음을 뜻하는 말이니, '산등성마루' 곧 '산마루'는 산의 등줄기에서 가장 높은 부분을 가리키는 말임을 알 수 있다. 바로 이 산마루에서 산기슭까지 이어지는 비탈진 곳을 '산자락'이라고 부른다.

떠세와 우세

우리는 실속이 없이 겉으로만 드러나 보이는 기세를 '허세'라고 한다. 허세는 한자말인데, 이 말과 비슷하게 쓰이는 순우리말이 있다. 바로 '떠세'라는 말이다. '떠세'를 국어사전에서 찾아보면, 재물이나 힘을 내세워 잘난 체하고 억지를 쓰는 짓이라고 풀이돼 있다. 허세가 실속 없이 겉으로만 잘난 체하는 행동이라면, 떠세는 갖고 있는 재물이나 힘을 과하게 내세워 잘난 체하는 행동이라고 할 수 있다.

코로나19라는 급성 감염병으로 국가 비상사태를 겪고 난 이후에도 좀처럼 서민 경제가 회복되지 않는다. 게다가 국제 정세마저 신냉전 구도가 형성되며 안보 불안이 가중되고 있다. 온 국민이 힘을 합쳐 헤쳐 나가야 할 위기에 놓여 있음에도, 우리의 현실은 그리 만만치 않다. 이 시국에도 당쟁에 여념이 없는 정치인들과, 정치인들보다 정치에 더 깊이 개입하는 일부 종교인들, 이 어려움을 한탕주의에 이용하려는 일부 장사치들, 나름의 힘을 가진 몰지각한 사람들이 사태를 더욱 어렵게 몰아가고 있다.

정치인이나 종교인이나 기업인이나 떠세를 부리지 않고 국민과 함께 이 위기를 헤쳐 나갈 용기와 지혜를 보여줄 수는 없을까? 우리말에 '우세'라는 말이 있다. 남에게 비웃음과 놀림을 받게 되면 '우세를 당하다', '우세를 받다'고 하는데 달리 '남우세'라고도 한다. 지금의 어려움과 위기가 오랫동안 이어지지는 않을 것이다. 이 어려움 뒤에 우세를 당하지 않으려면, 힘을 가진 이들 모두 떠세를 걷어내고 국민의 일상 속으로 들어와야 할 것이다.

뜨게부부와 새들꾼

봄이 되면 혼인 예식을 알리는 청첩장이 부쩍 많아진다. 일가친지와 벗들 앞에서 가장 아름답게 혼인 예식을 치르고 싶은 마음이 청첩장마다 들어 있다. 하지만 사정이 있어 혼례를 치르지 않고 그대로 동거해 버리는 남녀도 있다. 요즘에는 '혼전동거'라 하고 '동거남'이니 '동거녀'니 말하지만, 예전에는 이러한 남녀를 '뜨게부부'라 하였다. '뜨게'는 '본을 뜨다'와 마찬가지로 흉내 낸다는 뜻이므로, '뜨게부부'는 정식 부부가 아니라 남녀가 부부 행세를 할 때에 부르던 말이었다. 따라서 혼인 신고를 하지 않고 사실혼 관계에 있는 부부도 '뜨게부부'라 부를 수 있다.

남녀를 서로 맺어주는 일을 '중신하다', '중매하다'고 말하는데, 이때에 쓰는 토박이말이 '새들다'라는 말이다. 그래서 중매하는 사람 곧 '중매쟁이'를 '새들꾼'이라 하였다. 그러니까 요즘 말하는 커플 매니

저는 우리말로 '새들꾼'이라 부를 수 있다.

혼인으로 맺어진 '부부'의 토박이말은 '가시버시'이다. 예전에는 장인, 장모를 '가시아버지, 가시어머니'라 불렀다. 아내를 잃고 혼자 사는 남자를 '홀아비'라 하고, 마찬가지로 남편을 잃은 여자를 '홀어미'라 한다. 배우자가 있는 남녀에 대해서는 유독 한자말로 '유부남', '유부녀'라 부르고 있는데, 이 말들에 대한 순우리말은 '핫아비', '핫어미'이다. '핫아비, 핫어미'는 지금도 북한에서는 쓰이고 있는 우리말이다.

말말결과 말말이

인터넷 소통 시대가 열린 뒤부터 사회 관계망 서비스(SNS)를 통한 신조어들이 끊임없이 생산되고 있다. 그런데 주로 청소년들의 자유로운 상상력과 호기심이 반영된 데다가 또래 집단의 은어까지 섞어 새말을 만들다보니, 그 윗세대와는 잘 소통되지 않는 경우가 많다. 특히 우리말의 법칙을 무시하며 새말을 만들어내기 때문에 겨레 말글의 보존을 중시하는 기성세대의 여러 가지 우려를 사기도 한다.

이때 '말의 법칙'을 뜻하는 순우리말이 '말결'이다. "우리말의 말결에 맞도록 새말을 만들어야 한다."처럼 쓸 수 있다. 이 말결은 '말의 법칙'이란 뜻으로 사용되기도 하지만, "지나가는 말결에 그 친구 이야기를 했던 것 같다."처럼, '어떤 말을 할 때'를 이르는 말로 쓰이기도 한다. 그래서 말결과 말결을 합쳐 '말말결'이라고 하면 '이런 말 저런 말 하는 사이'를 나타내는 순우리말이 된다.

이는 마치 '이런저런 말마다'라는 뜻으로 쓰이는 부사어 '말말이'와도 비슷하다. 하지만 '말말이'는 "그분의 말소리는 나직나직한 가운데 말말이 힘차게 들렸다."에서 볼 수 있듯이 '이말 저말 모두'를 가리키는 데 비하여, '말말결'은 "그 여자의 말말결에 은근히 기분이 상했다."처럼 '말과 말 사이'를 나타내는 말이다. '말말이'와 '말말결'은 나날살이에서 쓰임새가 풍부한 우리말이니, 잘 기억해두면 좋겠다.

망고하다와 자몽하다

어린 시절을 시골에서 보낸 우리 세대가 추운 겨울에 할 수 있었던 놀이는 주로 썰매 타기와 연 날리기였다. 특히 시린 손으로 얼레를 돌리며 연을 날리던 추억은 찬바람이 불어올 때마다 한없이 다사로운 기억으로 떠오른다. 얼레는 연줄을 감을 수 있도록 나무로 만든 기구이다. 그런데 연이 바람을 제대로 타게 되면 얼레에 감긴 줄을 모두 풀어줄 때가 있다. 이처럼 "연을 날릴 때에 얼레의 줄을 남김없이 전부 풀어 주다."는 뜻으로 쓰이는 순우리말이 '망고하다'이다.

연줄을 망고하고 나서 까마득히 하늘로 날아가는 연을 바라보던 아이. 쉰 몇 해가 흐른 지금에도 그 아이의 아련한 마음이 생생하다. 이 '망고하다'는 말은 또, "살림을 전부 떨게 되다."라든가, "어떤 것이 마지막이 되어 끝판에 이르다."라는 뜻으로도 쓰이는 말이다. 그래서 "주식투자가 실패하여 망고했다."처럼 쓸 수 있다. 요즘에는 대개 한자말로 '망했다'라고 하지만, 본디 그 자리는 순우리말 '망고했다'가 있던 곳이다.

살림을 모두 날려버린다는 우리말 '망고'와 발음이 비슷한 열대과일 '망고(mango)'가 있다. 그 때문인지 학생들에게 '망고하다'를 알려주니 (과일 이름에 '하다'를 붙이는 것을) 신기해한다. 그래서 '자몽하다(自懜—)'도 사전에서 꺼내어 보여주었다. 비록 한자말이지만, "졸릴 때처럼 정신이 흐릿한 상태이다."라는 뜻으로 한국어사전의 한 자리를 차지하고 있다. 그러나 이제는 아무도 돌아보지 않아 이미 향기를 잃어버린 말이라고 할 수 있다.

매무시와 매무새

아이가 거울 앞에 있는 시간이 길어지면 사춘기가 시작되었다고 보면 된다고 한다. 부모가 아무리 '겉모습보다 실력'이라고 잔소리해도 이 무렵 아이들은 거의 '실력보다 겉모습'을 신봉하게 된다. 물론 첫인상이 겉모습에 좌우되는 현실에서 예쁘고 멋지게 보이고자 하는 것은 사람의 본성이니 나무랄 일은 아니지만, 사람을 겉모습만 보고 판단하는 세태가 올바르다고 볼 수는 없다. 특히, 우리나라가 성형대국으로 불리고 있는 것은 부끄러워해야 할 일이다. 수술까지 해가면서 겉모습을 바꾸지 않더라도, 밝은 표정과 깔끔한 옷맵시로 얼마든지 예쁘고 멋지게 보일 수 있다고 생각한다.

옷을 입을 때, 단정하게 매고 보기 좋게 여미고 하는 것을 '매무시하다'라고 한다. 이 말은 "매무시를 가다듬다.", "매무시를 잘 하다." 들처럼 쓰인다. 이와는 달리, 흔히 '매무새'라는 말을 자주 쓰는데,

이 말은 '옷을 아름답고 곱게 입은 맵시'를 뜻하는 말이다. 그러므로 "매무새가 단정하다.", "매무새가 헝클어지다." 들처럼 쓰인다. '매무시'와 '매무새'를 구별하자면, "매무시한 모양새"가 바로 '매무새'이다. 그리고 '매무시'에는 '-하다'가 붙어 '매무시하다'라고 쓰이지만, '매무새'에는 '-하다'가 붙어 쓰일 수 없다.

이 말들과는 달리, '맵시'라는 말은 "아름답고 보기 좋은 모양새"를 가리키는 말이다. "맵시가 나다.", "맵시를 부리다." 들처럼 폭넓게 쓰이는데, 여러 '맵시' 가운데 '옷맵시'가 '매무새'와 통한다. 이 '맵시'에도 '매무새'와 마찬가지로 '-하다'가 붙지 않는다.

머드러기와 부스러기

사과나 배 같은 과일을 살 때 아무래도 크고 싱싱하고 빛깔이 선명한 것을 고르게 된다. 이처럼 과일 가운데서도 비교적 크고 좋은 것을 순우리말로 '머드러기'라고 한다. 생선을 고를 때에도 마찬가지로 가장 굵고 싱싱한 것을 '머드러기'라고 하는데, 이를 사람에 비유해서 여럿 가운데 가장 뛰어난 사람을 역시 '머드러기'라고 할 수 있다.

'머드러기'와는 반대로, 쓸 만한 것을 골라내고 남은 물건을 잘 알다시피 '부스러기'라고 한다. 이 말 역시 사람에 비유해서, 아무 것에도 도움이 전혀 안 되는 하찮은 사람을 '부스러기'라 할 수 있다. 이 부스러기와 비슷한 뜻으로 여러 명사 앞에 붙여 쓰는 '군'이라는 우리말이 있다. '군-'은 '쓸데없는' 또는 '가외로 덧붙은'이라는 뜻을 지닌 접두사다. 없어도 되는 쓸데없는 것을 '군것'이라 하는 것처럼, '군살, 군기침, 군말, 군식구' 등 많은 파생어가 만들어져 쓰이고 있다. 특히,

필요 없는 사람을 '군사람'이라 한다.

군사람이 되지 않고 머드러기가 되려면 우선 말을 참되고 신중하게 해야 한다는 것을, 그동안 정부 각료나 정치인들의 처신을 통해 여러 차례 실감하였다. "군말이 많으면 쓸 말이 적다."는 속담도 있다. 말이 많으면 실언이 많게 된다.

멍텅구리와 흐리멍덩하다

　　요즘에는 아둔하고 어리석은 사람을 놀리는 투로 말할 때 '멍청이'라고 하지만, 예전에는 멍청이를 달리 '멍텅구리'라고 말하기도 했다. 멍텅구리는 우리 선조들이 사용했던 그릇의 한 가지인데, 그 모양이 목 부분이 좀 두툼하게 올라와서 못생겨 보이는 되들잇병이다. 되들잇병이란 물이나 곡식 한 되 분량을 담을 수 있는 병을 말한다. 일반적으로 병 목은 몸통보다 가늘고 날렵한 법인데, 이 병은 목 부분이 두툼하게 되어 있어 둔해 보인다. 그래서 사람도 이처럼 둔해 보이면 멍텅구리라고 불렀던 것이다.

　　멍텅구리의 둔해 보이는 생김새 때문에 멍청이를 멍텅구리라고 불렀던 면도 있지만, 어리석은 사람을 멍텅구리라고 부르게 된 까닭은 또 있다. '멍텅구리'는 뚝지라는 바닷물고기의 다른 이름이기도 하다. 뚝지는 배에 빨판이 있어 바위에 잘 붙어 있는 물고기인데, 우리나라

전역에서 부르던 옛 명칭은 멍텅구리이다. 이 물고기는 못생긴 데다가 굼뜨고 동작이 느려서 아무리 위급한 때라도 벗어나려는 노력조차 할 줄 모른다고 한다. 그래서 판단력이 약하고 시비를 제대로 모르는 사람을 이 물고기에 빗대어 '멍텅구리'라고 부르게 된 것이다.

정신이 맑지 못하고 옳고 그름을 잘 구별하지 못하는 사람을 '흐리멍덩하다'고 표현한다. 이 말을 많은 사람들이 '흐리멍텅하다'로 잘못 알고 있는데, 이는 멍청이라는 뜻의 '멍텅구리'를 연상하기 때문이 아닌가 한다. 흐리멍덩한 사람을 멍텅구리처럼 생각하니, '흐리멍덩'이 '흐리멍텅'으로 들리는 것이다.

모도리와 텡쇠

사람의 생김새나 어떤 일 처리가 빈틈이 없이 단단하고 굳셀 때, '야무지다', '야무진 사람'이라고 표현한다. 이렇게 빈틈없이 매우 야무진 사람을 나타내는 우리 토박이말이 '모도리'이다. 흔히 겉과 속이 단단하고 야무진 사람을 '차돌 같은 사람'이라고 하는데, 이때의 차돌은 모도리와 같은 뜻으로 쓰인 말이다. 굳이 차이가 있다면, 차돌은 생김새가 단단한 사람을, 모도리는 일처리를 야무지게 하는 사람을 주로 일컫는 말로 많이 쓰인다는 것이다.

차돌이나 모도리와는 반대로, 겉으로는 무척 튼튼해 보이는데 속은 허약한 사람을 낮잡아서 우리 선조들은 '텡쇠'라 불렀다. 텡쇠는 아마도 '텅 빈 쇠'가 줄어들어 만들어진 말이 아닐까 하고 여러 학자들이 추측하고 있다. 현대문명에서 '텅 빈 쇠' 하면 곧바로 깡통이 떠오른다. 하지만 깡통은 머리가 텅 빈 사람을 낮잡아 부르는 말로 쓰이고 있다는 점에서 텡쇠와는 다르다. 텡쇠와 깡통은 둘 다 낮춤말이지만, 우리 정서에는 깡통이 훨씬 부정적으로 들린다.

우리 사회에는 많은 모도리들이 필요하다. 그러나 어찌 모도리만이 필요할까? 겉모습은 단단하지만 속이 허약한 텡쇠도, 머리가 텅 빈 깡통도 누군가의 소중한 가족이며 사회의 귀한 구성원이다. 가냘프고 보잘것없어 보이는 '연생이'도 제 할 몫이 따로 있는 구성원이고, 어찌 보면 염치가 없이 막되거나 아무렇게나 생겨먹은 '만무방'도 필요한 것이 사회라는 오묘한 울안이다.

모지랑이와 바람만바람만

우리가 어려운 한자말을 앞세워 으스대고 영어를 숭배하는 말글살이를 하는 동안, 안타깝게도 나날살이에서 거의 자취를 감추거나 이미 낯설게 돼버린 우리 토박이말들이 많아졌다. 그 가운데는 꼭 붙잡고 싶은 아름다운 말들도 헤아릴 수 없이 많다. '모지랑이'와 '바람만바람만'도 결코 잃어버릴 수 없는 순우리말이다.

한복 저고리 치맛단을 끌고 다니다 보면 끝이 닳아서 없어질 수가 있다. 땅에 끌리도록 길게 입는 청바지도 마찬가지다. 또, 교실 책상을 오랫동안 쓰다 보면 네 귀퉁이가 닳아서 뭉툭해지는 경우가 있다. 이처럼 "어떤 물체의 끝 부분이 닳아서 없어지다."는 뜻으로 쓰이는 우리말이 바로 '모지라지다'이다. 붓글씨를 오래 쓰면 붓끝이 닳아서 쓰지 못하게 되는 경우가 있는데, 이때에도 "붓이 모지라졌다."고 말한다. 이렇게 모지라진 물건을 옛 사람들은 '모지랑이'라고 불렀다. 솔이 거의 닳아서 못 쓰게 된 붓도 모지랑이고, 네 귀퉁이가 다 닳아버린 책상도 모지랑이다.

누군가를 향한 그리움으로 가슴속이 닳아 모지랑이가 되는 일이 있다. 정이 많은 우리 겨레는 모지랑이가 된 가슴을 애달픈 가락에 실어 노래로 표현했고 영화를 만들었다. 이러한 노래와 영화들은 겨레 붙이들의 한결같은 정서를 담고 있어 우리에게는 대개 살가운 느낌을 준다. 우리 옛날 영화에서는 남자 배우가 여자 배우를 '바라보일 만한 정도로 뒤에 멀리 떨어져 따라가는 모습'을 자주 볼 수 있는데, 이런 상황에 꼭 맞는 순우리말이 '바람만바람만'이라는 부사어이다. "그는 슬픔에 찬 그녀의 뒤를 바람만바람만 따르고 있었다."처럼 말할 수 있다.

몸에 관한 순우리말

사람 몸의 각 기관을 가리키는 우리말은 400여 개가 넘는다. 머리, 얼굴, 손, 발, 팔, 다리, 허리 들처럼 바깥 부분의 구조는 주로 토박이말(=순우리말)로 불리고 있고, 심장, 간, 폐, 위, 창자 들처럼 몸 안의 구조는 대부분 한자말로 불리고 있다. 그러나 몸 안의 구조도 예전에는 거의 토박이말로 불리었다. 다만, 몸 바깥 부분과는 달리, 몸 안의 부분에 대한 이름은 주로 의학 용어로 기록되고 사용되어 온 까닭에 한자말로 차츰 바뀌어 온 것이다. 그럼에도 나날살이에서는 아직 몸 안의 부분에 대한 순우리말들이 많이 남아 쓰이고 있다.

예를 들어, 숨 쉬는 기관인 폐에 대해서도 우리말인 '허파', 또는 '부아'가 아직 널리 쓰인다. 분한 마음이 울컥 솟아나는 것을 "부아가 치민다."라고 하는데, 이는 부아 곧 폐가 부풀어 올라 가슴이 꽉 막히도록 화가 가득 찬 느낌을 표현한 말이다. '비위'라는 말은 비장과 위를 합하여 일컫는 것이다. 비장은 토박이말로 '지라'이고, 위는 '밥통'이다. 지라는 위의 뒤쪽, 콩팥과 가로막 사이에 있는 적갈색 달걀꼴의 내장을 말한다. 비장과 위는 음식물을 먹고 싶게 만드는 내장이므로, "비위가 동한다."고 하면 구미가 당긴다는 뜻이고, "비위가 상한다."고 하면 전혀 입에 대고 싶지 않다는 뜻이 된다.

　"밸이 꼴린다."고 하는데, 이 말은 본디 "밸이 꼬인다."고 하는 말이 잘못 전해진 것이다. 이때의 '밸'은 '배알'의 준말인데, '배알'은 창자를 말하는 순우리말이다. 그러니까 "밸이 꼬인다."는 말은 어떤 일이 몹시 아니꼬워서 창자가 뒤틀리는 것처럼 속이 쓰리다는 뜻이다. 밸이 한자말 창자에 밀려나서 격이 낮아지는 바람에 이제는 동물의 창자를 주로 밸이라고 부르는 형편이 되었다. 간과 창자를 아울러 '간장'이라고 하는데, 이 간장은 토박이말로 '애'라고 한다. "간장을 태운다."는 말을 "애간장을 태운다."고 하는 경우가 있는데, 이는 같은 말을 중복해서 쓴 것이다. 그냥 "애를 태운다."라고 쓰면 된다. 그리고 몹시 놀랄 때에 "애 떨어질 뻔했다."고 하는데, 이때의 '애'도 간장을 뜻하는 순우리말이다. 그래서 "간 떨어질 뻔했다."는 말이 함께 쓰이는 것이다.

무거리

주변을 돌아보면, 코로나19 사태 뒤부터 사람들의 위생 관념이 많이 나아진 것을 느낄 수 있는 요즘이다. 마스크와 손 소독제 사용은 이제 필수적인 일상이 되었고, 가벼운 재채기나 기침을 하는 모습도 웬만해선 찾아보기 어렵게 되었다. 얼마 전에 어느 책에서 "손을 자주 씻는 습관이 생긴 것은 코로나19의 무거리 중 하나이다."는 글을 읽었는데, 오랜만에 만난 토박이말 '무거리'가 참 반가웠다.

우리 토박이말 무거리는 본디 '곡식을 빻아서 체로 가루를 걸러 내고 남은 찌꺼기'를 가리키는 말이다. 지금도 농촌에서는 무거리 고춧가루라든가, 무거리 떡이란 말을 쓰는 어른들을 더러 만날 수 있다. 이 말의 쓰임이 좀 더 넓혀져서, 예부터 무거리라고 하면 '변변치 못해 한 축에 끼이지 못하는 사람'을 비유하는 말로 사용되어 왔다. "인력시장에서는 목수나 미장이 같은 기술자들이 다 불려나가고 나면 별 기술

없는 무거리들만 남는다."처럼 쓰이는 말이다.

또, 어떤 일의 여파로 생긴 자취나 결과를 무거리라 말하기도 한다. 앞서 이야기했던, "손을 자주 씻는 습관이 생긴 것은 코로나19의 무거리 중 하나이다."에서의 무거리는 바로 이러한 뜻으로 쓰였다. '민식이법'은 어린이 보호구역에서 어린이가 교통사고로 사망한 사건의 무거리이고, 우리 정부가 그동안 외면해 왔던 소재, 부품, 장비 산업 지원에 나서게 된 것은 우리나라에 대한 일본의 수출 규제에 따른 무거리라고 할 수 있다.

바다를 품은 순우리말

유월은 푸른 바다가 우리 삶 곁에서 파도치는 계절이다. 가까운 바다는 푸른 빛깔을 띨 때가 많은데, 그래서 해수욕장 하면 푸른 바다와 흰 모래가 떠오르게 된다. 순우리말 가운데 '물모래'라는 말이 있는데, 물모래는 바닷가에 있는 모래를 통틀어서 일컫는 말이다. 이 물모래 가운데서도 파도가 밀려드는 곳에 보드랍게 쌓여 있는 고운 모래를 따로 가리키는 우리말이 있다. 바로 '목새'라는 말이다. "목새에 새긴 글자는 금세 파도에 쓸려간다."처럼 말할 수 있다.

누구나 한번쯤 해질 무렵 바닷가에 앉아서 저녁놀을 감상해본 경험이 있거나 그러한 한때를 꿈꾸어 본 적이 있을 것이다. 이때 멀리 수평선 위에서 하얗게 번득거리는 물결이 있다. 이것을 순우리말로 '까치놀'이라고 한다. "먼바다의 까치놀을 등지고 서 있는 그녀의 모습이 슬퍼 보였다."와 같이 말할 수 있다. 또, 바다의 사나운 물결을

'너울'이라고 하는데, 너울과 같은 커다란 파도가 밀려올 때 파도의 꼭대기 부분을 가리키는 우리말을 '물마루'라고 한다. 바다와 하늘이 맞닿은 것처럼 멀리 보이는 수평선의 불룩한 부분도 물마루라고 한다.

배를 타고 바다의 품에 안기고 싶어도 멀미 때문에 주저하는 이들이 많다. 우리는 차를 타고 가다가 겪는 멀미를 '차멀미'라고 한다. 그러다 보니까 배를 타고 가다가 겪는 멀미를 '배멀미'라고 말하기가 쉽다. 그러나 이때는 '배멀미'가 아니라 '뱃멀미'라고 해야 한다. 발음이 [밴멀미]로 나기 때문에 쓸 때도 사이시옷을 넣어서 '뱃멀미'라고 쓴다.

바리

우리말에는 어떤 성질이 두드러지게 있는 사람의 이름 뒤에 '바리'를 붙여서 그러한 특성을 좀 부정적으로 나타내는 낱말들이 있다. 예를 들어, 잔꾀가 많은 사람을 '꾀바리'라 하고, 성미가 드세고 독한 사람을 '악바리'라고 한다. 또, (지금은 잘 안 쓰는 말이지만) 잇속을 노리고 약삭빠르게 달라붙는 사람을 '감바리'라고 한다. 이 말들에서 알 수 있듯이, '바리'는 특정한 성질을 가진 사람을 낮잡아 이르는 말로 쓰였던 것 같다.

군인 가족이었던 나는 어렸을 때 군복을 줄여 만든 옷을 종종 입고 다녔다. 그때마다 친구들이 '군바리'라고 놀렸던 기억이 있는데, 어린 마음에는 '군바리'가 세상에서 가장 나쁜 놀림말로 들렸었다. 그렇게 보면, '바리'를 붙여 그 사람의 특성을 나타내게 되면 자칫 당사자에게는 상처가 될 수도 있을 듯하다. 가령, 자기보다 수준이 낮거나 못한 사람을 '하바리'라 낮잡아 부를 때, 표준 발음은 [하:바리]이지만 대개 [하빠리]라고 '바리'를 강조해 말함으로써 애먼 상처를 입힌다.

이처럼 일부러 다른 사람을 낮잡아 부르는 것은 삼가야 하겠지만, '바리'가 가진 말 만들기 힘만큼은 살려 나가는 것이 바람직할 것 같다. '바리'를 붙여 사람의 성질을 나타낸 말들 가운데, 샘이 많아서 안달하는 '샘바리', 마음이 좁고 지나치게 인색한 '꼼바리', 말과 행동이 거칠고 미련한 '데퉁바리', 이유 없이 남의 말에 반대하기를 좋아하는 '트레바리', 어리석고 멍청한 '어바리' 등은 요즘에도 우리 나날살이에 쓰이고 있다.

봄고단

사자성어 가운데 '삼춘가절'이라는 말이 있다. 봄철 석 달의 좋은 시절을 뜻하는 말로서 3, 4, 5월을 삼춘가절이라고 한다. 봄이 되면 직장인들은 몸이 자주 나른해지는 것을 느낄 수 있는데, 봄철에 느끼는 나른한 기운을 '봄고단'이라고 한다. 흔히 한자말로 '춘곤증'이라고 말하고 있지만, 예부터 우리 한아비들은 "요즘 봄고단을 느끼는지 낮에도 자꾸 졸음이 옵니다."처럼 말하고 썼다. 봄고단을 이겨내려면 일을 할 때 몸을 되도록 많이 움직이고 자리에 앉아 있을 때도 가끔 가벼운 몸 펴기 운동을 하는 것이 좋다. 또, 봄고단으로 몸이 무거울 때에는 봄철에 나는 싱싱한 채소를 먹는 것도 큰 도움이 된다고 한다. 봄에 가꾸어서 먹는 여러 가지 채소를 '봄채마'라고 하는데, 쑥이나 달래, 냉이, 두릅 같은 채소가 이맘때 먹는 봄채마라 할 수 있다.

봄채마를 충분히 먹고 건강관리를 잘해서 봄고단을 이겨내야 '봄

살이'를 장만하는 데 무리가 없겠다. '여름살이'나 '가을살이', '겨우살
이'라는 말이 있듯이, 봄철에 먹고 입고 지낼 양식이나 옷가지를 '봄살
이'라고 한다. 옛날에는 이 봄살이가 그리 쉽지 않아서, 봄철이 지나는
동안 잘 지냈느냐는 인사를 서로 주고받곤 했는데, 이때 "봄새 별고
없으신지요?" 하는 안부말이 쓰였다. '봄새'는 "봄철이 지나는 동안"이
라는 뜻으로 쓰이는 우리말이다.

불에서 생겨난 순우리말

우리말에 불에서 생겨난 말들이 무척 많은데, 주로 다급하게 타오르는 불의 속성을 빌린 말들이다. 대표적인 것이 '부리나케'란 말이다. 글자 그대로 '불이 나게'에서 나온 말로, 몹시 서둘러서 아주 바쁘다는 뜻으로 쓰고 있다. 옛날에는 부싯돌을 맞부딪쳐서 불을 일으키거나, 옴폭 패인 돌에 나뭇가지를 넣고 아주 세고 빠르게 돌려서 불을 피웠다. 그래서 불이 일어날 정도로 급하고 빠르게 움직이는 것을 '불이 나게'라고 표현하다가, 오늘날 '부리나케'로 발음이 바뀌어 전해졌다.

매우 서두르는 모양을 '부랴부랴'라고 하는데, 이 말은 '불이야 불이야가 줄어서 변한 말이다. 불이 났다고 급하게 소리치면서 뛰어나오는 모습을 그려 보면, 이 말의 뜻을 쉽게 짐작할 수 있을 것이다. '불티나다'란 말도 있는데, 어떤 물건이 내놓기가 무섭게 팔려 나가거나 없어진다는 뜻이다. 모닥불을 바라보고 있으면, 불이 활활 타오르면서 불티가 사방으로 탁탁 튀어 나가는 것을 볼 수 있다. 그 모습이 순식간에 나타났다 사라지기 때문에 '불티나다'란 말이 생겨났다. '불현듯'이란 말이 있는데, "불을 켜서 일어나는 것과 같이, 떠오르는 생각이 걷잡을 수 없이 갑자기"라는 뜻이다. 옛말에서는 '켜다'를 '혀다'라고 했기 때문에, '불을 현(켠) 듯이'가 줄어들어 '불현듯이' 또는 '불현듯'으로 쓰이게 된 것이다.

비에 관한 순우리말

장마 때에 내리는 비는 장맛비이다. '장마비'가 아니라 '장맛비'[장마삐]라고 해야 표준말이 된다. 옛날에는 장마를 '오란비'라고도 했지만, 요즘에는 이 '오란비'란 말이 '장맛비'에 거의 떠내려가 버려서 옛말로만 남고 말았다. 한여름 본격적인 무더위가 시작되면 굵은 빗방울이 세차게 쏟아지는 날이 많아지는데, 이처럼 "굵고 세차게 퍼붓는 비"를 '작달비'라고 한다. 작달비를 만나면 우산도 별 소용이 없게 된다. '작달비'와 정반대되는 비가, 가늘고 잘게 내리는 비를 가리키는 '잔비'이다.

잔비도 여러 날 내리게 되면 개울물을 누렇게 뒤덮는다. 개울가나 흙탕물이 지나간 자리에 앉은 검고 고운 진흙이 있는데, 이 흙을 '명개'라고 한다. 장마가 져서 홍수가 난 뒤에는 곳곳에 명개가 덮여 있는 풍경을 볼 수 있다. 그런데 장마 뒤에 한동안 쉬었다가 한바탕 다시 내리는 비가 있다. 이 비가 홍수 때문에 여기저기 덮여 있는 명개를 씻어내는 비라고 해서 '개부심'이라고 부른다. 그래서 뭔가를 새롭게 하는 것을 비유하여 '개부심'이라고 한다. 비록 어절 끝에 '비'가 드러나 있지는 않지만, 본래 '개부심'은 비를 뜻하는 말로 쓰였다.

비와 관련된 우리말 가운데 '비설거지'가 있다. 이 말은 "비가 오려고 할 때, 비에 맞으면 안 되는 물건을 치우거나 덮는 일"을 뜻한다. "비 올 것 같다. 빨래 걷어라." 하는 것보다 "비 올 것 같다. 비설거지해라."고 하면, 빨래뿐 아니라 비 맞으면 안 되는 다른 물건들도 치우라는 말이 된다. 또, '먼지잼'이라고 하는 무척 귀여운 말도 있다. '먼지잼'은 "겨우 먼지나 날리지 않을 만큼만 오는 비"를 가리키는 말이다. 한편, 빗방울이 하늘에서 얼어서 떨어지는 것을 '우박'이라고 하는데, 이 우박은 순우리말이 아니라 한자말이다. 우박을 순우리말로는 '누리'라고 한다. [누리] 하고 짧게 발음하면 '사람이 사는 세상'을 뜻하는 말이고, [누:리]처럼 길게 발음하면 우박을 바꿔 쓸 수 있는 순우리말이 된다.

'누리/우박' 하면 연상되는 '천둥'과 '번개'는 모두 우리말이다. 그런데 이 가운데 '천둥'은 처음부터 우리말은 아니었다. 본래 한자말 '천동'(天動)이 들어와 쓰이다가 [천둥]으로 소리가 바뀌어서 우리말화한 것이다. 우리 선조들이 '천둥'보다 먼저 써 왔던 순우리말은 '우레'이다. 그래서 우레가 치면서 함께 내리는 비를 '우레비'라고 한다. 가끔 '우레'를 '雨'(비 우) 자에 '雷'(우레 뢰) 자를 써서 '우뢰'라고 알고 있는 이들이 있는데, '우뢰'라는 한자말은 없다. 반면에 '번개'는 순우리말이다. '갯가'라든지 '개울', '개천'처럼 물이 흐르는 곳이 '개'이기 때문에, 번개나 무지개는 모두 물과 관련 있다는 것을 알 수 있다.

사리와 개비

'사리'라는 말이 있다. 우리말에서 "가느다란 실이나 줄을 동그랗게 포개어 감다."는 뜻으로 쓰는 말이 '사리다'인데, '사리'는 바로 이 '사리다'의 명사형이다. '사리'는 이렇게 실이나 줄을 사려서 감은 뭉치를 가리키기도 하고, 또 이 뭉치들을 세는 단위명사이기도 하다. 가령 철사나 새끼줄 따위는 둘둘 감아서 보관하는데 이렇게 감아놓은 뭉치를 셀 때 "철사 한 사리, 두 사리", "새끼줄 한 사리, 두 사리"처럼 말한다.

철사나 새끼줄과 마찬가지로, 가늘고 긴 면발을 둘둘 감아놓은 뭉치도 사리로 센다. 음식점에서 국수를 먹을 때, 국물은 남았는데 양이 덜 차게 되면 면을 추가로 주문한다. 이때 면을(정확히는 면을 둘둘 감아놓은 뭉치를) 따로 시키려면 "면 한 사리 더 주세요."라고 말하면 된다. 물론 '사리'는 면을 말하는 것이 아니라, 그 면을 세는 단위로 쓰는 말이다. 그런데 이 '사리'가 면이나 덤인 것으로 오해하게 되면, 면은 사라지고 그냥 단위만 써서 "사리 주세요."라고 말하는 실수를 저지르게 된다. 나아가서 밥 한 공기를 추가로 주문할 때도 "사리 주세요." 하는 엉뚱한 상황이 벌어질 수도 있다. 마치 문구점에 가서 연필을 산 뒤에 추가로 주문하면서 그냥 "자루 주세요." 하는 것과 한가지이다.

'자루'라는 말도 가끔 '개비'와 혼동된다. '자루'와 '개비'는 둘 다 길고 곧은 물건을 셀 때에 쓰는 단위명사인데, 손잡이가 있거나 그 안에 심이 들어 있는 것일 때에는 '자루'를 쓴다. 그래서 손잡이가 있는 삽이나 지팡이 같은 물건을 셀 때에도 '자루'고, 심이 들어 있는 연필을 셀 때에도 '자루'이다. 하지만 길고 곧은 물건 가운데 손잡이도 없고 심도 들어 있지 않은 것은 주로 '개비'라는 단위를 사용한다. 그래서 장작을 쪼갠 것도 '장작 한 개비'처럼 '개비'를 쓰고, 담배를 낱낱으로 셀 때에도 '담배 한 개비'라고 말한다. (이때, '개피'나 '가치'는 모두 비표준말이다.) 제사상에 피우는 향을 셀 때에도 '향 한 자루, 두 자루, …'가 아니라 '향 한 개비, 두 개비, …'라고 말해야 한다.

산돌림과 재넘이

우리나라 사람들은 유난히 산을 좋아한다고 한다. 그래서인지 우리말에는 산등성이, 산마루, 산모롱이, 산모퉁이, 산봉우리, 산비탈, 산자락, 산줄기 같은, 산에 관한 토박이말들이 무척 많다. 이처럼 산을 떠올리게 하는 우리말 가운데 산돌림과 재넘이가 있다. 그러나 이들은 산의 일부를 가리키는 토박이말이 아니라, 각각 비와 바람의 이름이다.

산돌림은 '여기저기 옮겨 다니면서 한 줄기씩 내리는 소나기'를 가리키는 순우리말이다. 본디는 산기슭으로 돌아가며 잠깐씩 내리는 소나기를 산돌림이라고 했을 것이다. 그러다가 이 비가 산 아래 마을로 옮겨가며 여기저기 흩뿌리게 되니까, 비록 산기슭이 아니더라도 이곳저곳 옮겨 다니며 내리는 소나기를 뭉뚱그려 산돌림이라고 부르게 된 것 같다.

재넘이는 '밤중에 산꼭대기에서 평지로 내리 불어오는 바람'의 이름이다. 무더운 한여름 날, 밤이 되어 기온이 떨어지면 산 중턱이 복사 현상으로 차가워지기 때문에 산 위쪽에서 아래로 바람이 불게 된다. 이 바람을 산바람이라고도 하고 재넘이라고도 한다. 산들산들 불어오는 재넘이는 더위를 피해 마루에 나와 앉은 어르신들에게 더없이 고마운 바람이다.

손가락방아와 손가락빗

책상에 앉아 무언가 골똘한 생각에 잠길 때, 손가락 끝으로 책상을 가볍게 두드리는 행동을 할 때가 있다. 또, 드라마나 영화에서 보면, 형사가 범죄 용의자를 심문할 때도 손가락을 올렸다 내렸다 하며 손가락 끝으로 탁자를 두드리는 모습을 볼 수 있다. 이러한 행위를 가리키는 순우리말이 바로 '손가락방아'이다. 이 말은 주로 '찧다'라는 동사와 함께 '손가락방아를 찧다', '손가락방아를 찧으며'처럼 사용한다.

손가락방아와 비슷한 느낌을 주는 '손가락권총'이란 말도 있다. 엄지손가락과 집게손가락만 펴고 나머지 손가락은 오그려서 권총 모양으로 하는 손짓을 가리키는 말이다. 손가락권총을 하고 손가락 방아쇠를 당기면 총알이 발사될 염려가 있으니, 그냥 손가락으로 탁자를 두드리는 손가락방아로 범인을 심문하는 것인지도 모른다. (물론 농담이다.)

비슷한 말로 '손가락빗'이란 말이 있는데, 이 말은 손가락방아나 손가락권총과는 달리 나날살이에서 흔히 쓰이는 표현이다. "손가락빗으로 머리칼을 쓸어 넘기다."처럼, 빗을 대신하여 머리를 쓸어 넘기는 손가락을 비유적으로 '손가락빗'이라고 말한다. 대중목욕탕 탈의실에는 흔히 머리빗을 놓아두고 있는데, 요즘 이 머리빗을 사용하는 사람들을 거의 볼 수 없다. 코로나19가 일깨운 위생 관념이 그 옛날 손가락빗을 되살려낸 듯하다.

수를 나타내는 순우리말

　쉬운 듯하면서도 실제 당하면 매우 헷갈리는 것이 바로 수를 세는 말과 길이를 재는 말이다. 수와 길이를 나타내는 단위 명사는 우리말에 매우 풍부하게 남아 있지만 그 쓰임새가 나날이 줄어들고 있다. 수를 세는 단위는 몇몇 낱말로 한정·통합되어 가는 양상을 보이고 있으며, 길이를 재는 단위는 이미 서양에서 들어온 낱말로 대체되고 있는 느낌이다. 그렇지만 우리 한아비(선조)의 지혜가 깃들어 있는 우리말 단위 명사들을 그리 손쉽게 포기해 버릴 수는 없는 노릇이다.

　'낱'은 낱개의 사물을 하나씩 셀 경우에 쓰는 말이다. '그릇 세 낱', '빗자루 두 낱' 따위로 써 왔는데, 요즈음은 이 말 대신에 한자말 '개'를 많이 쓰고 있다. 그러나 '그릇 세 낱'을 '그릇 세 개'로 하면 오히려 어색한 느낌이다. '낱'은 얼마든지 되살려 낼 수 있는 순우리말 단위 명사라고 할 수 있다. 또, 실 따위를 사려서 틀어놓은 묶음의 경우에는 '뜨개실 두 타래', '철사 세 타래'와 같이 '타래'라는 단위로 센다. 그런가 하면 작고 둥글둥글하게 생긴 것을 셀 경우에는 '알'을 쓴다. 특히, 밤이나 도토리 따위를 셀 때에는 '알'이라고도 하지만 '톨'이라는 단위 명사를 더 많이 쓴다. 예부터 '사과 한 알', '달걀 두 알', '밤 세 톨', '도토리 네 톨'처럼 써 왔다. 한 가지 예를 더 들면, 서로 짝을 이루는 대상이나 짝이 갖추어진 물건일 경우에는 '켤레', '매', '벌' 들과 같은 단위 명사를 쓴다. 곧 '구두 두 켤레', '수저 한 매'(숟가락과 젓가락), '치마저고리 한 벌' 따위가 이러한 셈법이다.

순우리말 빛깔이름

순우리말 빛깔이름은 본디 '검다', '희다', '붉다', '푸르다', '누르다' 다섯 가지이다. 이 말들에서 각각 '까맣다, 하얗다, 빨갛다, 파랗다, 노랗다'란 말들이 생겨나 쓰이고 있다. '오색찬란하다'고 할 때의 오색이 바로 검정, 하양, 빨강, 파랑, 노랑이다. 여기에 '색'이란 말을 붙이면, 빨강은 빨간색, 노랑은 노란색, 파랑은 파란색 들과 같이 된다. 그러니까, '색'을 떼고 말하면 '빨강'이 되고, '색'을 붙여서 말하면 '빨간'으로 쓰는 것이다. 빨강과 빨간색, 노랑과 노란색, 파랑과 파란색은 같은 말이다.

무지개 빛깔 가운데 우리 토박이말은 '빨강', '노랑', '파랑' 세 가지뿐이다. 이 세 가지 빛깔을 모든 색의 근원이 되는 '삼색'이라고 한다. 나머지 빛깔 중에 '주황', '초록', '남색'은 한자말이고, 마지막에 있는 '보라'는 몽골에서 들어온 말이라고 한다. 우리말 곳곳에는 몽골어의 흔적이 남아 있다. 몽골 풍습 가운데, 매를 길들여서 사냥을 하는 매사냥이 있었는데, 매사냥에 쓰이던 매가 바로 송골매와 보라매이다. '매'는 우리말이지만, '송골'과 '보라'는 몽골에서 들어온 말이라고 한다. 보라매의 앞가슴에 난 털 빛깔을 보라매의 빛깔, 곧 '보라색'이라고 불러왔다는 것이다.

우리말은 빛깔을 감정과 느낌에 따라 다양하게 표현할 수 있는 감각어가 아주 발달되어 있다. 빨강을 나타내는 말이 영어에서는 'Red' 하나 정도라고 생각해 볼 때, 우리말에서는 그냥 '빨갛다'가 아니라 '붉다, 검붉다, 뻘겋다, 새빨갛다, 발그레하다, 불그스름하다, 불그죽죽하다' 등 갖가지 표현이 가능하다. 노랑과 파랑, 하양, 검정 들과 같은 빛깔도 모두 마찬가지이다.

순우리말 음식이름

우리의 입맛이 갈수록 서구화하여 먹거리 문화가 바뀜에 따라 차츰 우리말 음식 이름들이 잊혀 가고 있다. '겉절이, 곰국, 부침개, 비짓국, 소박이, 수제비, 장떡, 튀각, 풀떼기' 들처럼 지금까지 남아 있는 먹거리도 많지만, '간서리목, 강피밥, 개떡수제비, 닭김치, 밀푸러기, 쌀골집, 젖미시, 회깟' 들처럼 이름만 남아 있고 먹어 보기 어려운 먹거리도 많다. 또한, '가지만지, 감화보금, 관전자, 너비아니, 섭산적, 왁저지, 원밥수기, 추포탕, 화양누르미' 들과 같이 이름도 낯선 우리말 음식 이름들이 이밥의 낱알처럼 무수히 많다.

조리 용어도 불을 사용하느냐 하지 않느냐에 따라 매우 다양하게 발달되어 있다. 불을 사용하는 조리 용어들에는 '굽다, 튀기다, 지지다, 볶다, 부치다, 익히다, 끓이다, 달이다, 찌다, 삶다, 고다, 데우다, 데치다, 조리다, 졸이다, 쑤다, 뜸들이다, …' 들이 있고, 불을 사용하지 않는 조리 용어들에는 '버무리다, 무치다, 말리다, 절이다, 재우다, 안치다, 저미다, 다지다, 썰다, 뜨다, 빻다, 깎다, 두르다, …' 들이 있다.

이런 말들이 명사로 파생되면 '구이, 튀김, 지짐이, 볶음, 부침개, 찜, 찌개, 곰국, 조림, 무침, 무말랭이, 겉절이' 들로 바뀌고, 서로 합치면 '지지고 볶다', '구워삶다', '버무려 무치다' 들처럼 되기도 하고, '바싹 굽다', '달달 볶다', '살짝 볶다' 들과 같이 정도를 나타내는 수식어가 붙으면서 다양하게 만들어지기도 한다. 우리말 음식이름을 되살려 쓰는 것은 우리의 전통음식을 지키는 것 외에도, 청소년들의 식생활을 지배하고 있는 서양 먹거리들 사이에서 자칫 잃어버리기 쉬운 우리 입맛을 되살리고 지켜 내는 일이기도 하다.

아람과 아름

가을은 우리 농촌에서 여름 내내 가꾸어 온 땀의 결실을 거둬들이는 시기다. '추수하다'를 순우리말로 '가실하다', 또는 '가슬하다'고 하는데, 이것은 거둬들인다는 뜻이다. 여기서 '가슬'이 시옷 소리가 약화되어 '가을'이 되었고, 이는 곧 추수하는 계절을 가리키는 낱말로 굳어졌다.

가을과 잘 어울리는 우리말 가운데 '아람'이란 말이 있다. 초등학생들이 주축이 되는 공동체 가운데도 보이스카우트와 비슷한 '아람단'이란 단체가 있는 것으로 알고 있다. 밤이나 도토리가 완전히 익게 되면 저절로 벌어져서 떨어질 정도가 되는데, 이것을 아람이라고 한다. 그러다 보니 다 익어서 떨어진 열매를 그대로 아람이라고 부르게 되었다. 이는 "밤송이에서 빠지거나 떨어진 밤톨"을 뜻하는 '알밤'과도 비슷한 말이다.

다 익어서 벌어진 밤을 가리키는 아람과 소리가 비슷한 말 가운데 '아름'이 있다. 아름은 사람이 두 팔을 둥글게 모아서 만든 둘레를 말한다. 그래서 나무 둘레를 재는 길이의 단위로 이 아름이란 말을 사용하게 되었다. '꽃다발 한 아름'이라고 하면 사실은 꽃송이를 묶은 다발이 두 팔을 벌려서 껴안을 만큼 큰 것을 말하는 것이다.

아퀴와 잡도리

일을 마무리하는 것을 '매듭을 짓는다'고 한다. 특히, 여러 가지 많은 일들을 잘 마물러서 맨 마지막에 매듭을 짓는 것을 '끝매듭'이라 한다. 그래서 12월을, 매듭을 짓는 달이라는 뜻으로 '매듭달'이라 부르고 있다. 이렇게 한 해를 마무리할 때에 쓰이는 우리말에는 어떤 것들이 있을까? 여러 가지 어수선한 일들을 하나하나 정리해서 갈피를 잡은 뒤에 끝매듭을 짓는 것을 '아퀴 짓는다'고 한다. 여기서 '아퀴'는 어수선한 일들을 갈피 잡아 마무르는 끝매듭을 뜻하는 순우리말이다. "한 해를 아퀴 짓고 새해를 맞이하자."고 하면, 한 해 동안 있었던 잡다한 여러 일들을 제자리에 잘 끼워 맞추고 새해를 맞이하자는 뜻이 된다.

'아퀴'라는 말이 요즘 잘 쓰지 않아서 낯설게 들리는 데 비하여, 이와 비슷한 '매조지다'라는 말은 비교적 귀에 익숙한 말이다. '매조지다'라고 하면 "일의 끝을 단단히 단속하여 마무리하다."는 뜻으로 쓰이는 순우리말이다. "소포 꾸러미를 단단히 매조지다."처럼 쓸 수도 있고, "올해를 잘 매조지어 내년을 준비하자."처럼 쓸 수도 있다.

직장에서 가끔 "한 해 업무를 잘 단도리하자."라고 말하는 분들이 있는데, 이때의 단도리는 일본말로서 '준비하다'는 뜻이지 '마무리하다'는 말이 아니다. 이런 경우에, "일이 잘 되도록 단단히 대책을 세우다."는 뜻으로 쓰는 우리말은 '잡도리하다'라고 한다. '잡도리하다'는 한자말 '단속하다'와 같은 말이다.

안다미와 안다니

책임감과 관련된 우리말 가운데 '안다미'라는 말이 있다. '안다미'는 다른 사람의 책임을 대신 맡아 지는 것을 뜻하는 순우리말이다. 그러나 이 말은 스스로 원해서 책임을 맡아 질 때 쓰는 것이 아니라, 좋지 않은 의도로 남에게 책임을 떠넘기는 경우에 주로 쓰인다. 가령, "부동산 정책 실패로 아파트 값이 올랐는데 그 안다미를 아파트 부녀회가 뒤집어썼다."라고 말할 수 있겠다. 이 말을 동사로 활용해서, "교장선생님이 학교 폭력의 피해에 대해 일부 학생에게 안다미씌웠다."처럼, 자기가 맡은 책임을 남에게 넘기는 것을 '안다미씌우다'라고 한 낱말로 표현하기도 한다.

'안다미'와 형태는 비슷하지만 뜻이 전혀 다른 '안다미로'라는 우리말도 있다. '안다미로'는 "담은 물건이 그 그릇에 넘치도록 많게"라는 뜻으로 쓰이는 부사이다. 어머니가 밥을 그릇에 넘치도록 담아 주실

때, "밥을 안다미로 담았다."라고 말한다. 이 말은 "밥을 듬뿍 담았다."라고 할 때의 '듬뿍'과도 쓰임이 비슷한 말이다. '안다미로'는 또, "그 사람은 정을 안다미로 가지고 있는 다사로운 분이다."처럼 다른 곳에도 폭넓게 활용해서 쓸 수 있다.

'안다미'나 '안다미로'와 소리는 비슷하지만 뜻은 다른, '안다니'라는 말도 있다. 여럿이 모여 이야기를 나눌 때, 남의 말에 꼭 끼어들어서 아는 체하는 사람이 있는데, 이처럼 "무엇이든지 잘 아는 체하는 사람"을 순우리말로 '안다니'라고 한다. 같은 사무실 안에, 남들이 말할 때 끼어들어서 무엇이든지 아는 체하는 사람이 있으면, 그 사람을 그 사무실의 안다니라고 부를 수 있다.

어간재비

실현될지는 알 수 없지만, 정부가 발표한 수도권 주택 공급 대책 가운데 층수 제한 완화가 끼여 있다. 35층까지로 규제해 오던 서울시 아파트 층수를 50층까지로 허용한다는 것이다. 한강을 따라 늘어설 50층짜리 주택들을 상상해 보았다. 그 큰 덩치에 또다시 가로막힐 팍팍한 서민들의 삶이 그려졌다. 서울을 높은 곳과 낮은 곳으로 나누게 될 고층 아파트들! 그 어간재비는 또 얼마만 한 그늘을 만들어낼 것인가!

어떤 공간을 나누기 위해 칸막이로 놓아둔 물건을 '어간재비'라고 한다. 집안 거실을 높은 책장으로 구분해 놓으면 그 책장이 어간재비이고, 사무실 책상들 사이를 칸막이로 막아 놓으면 그 칸막이가 어간재비이다. 때로는 특정 이념이나 종교가 사회 구성원을 나누는 어간재비가 될 수도 있고, 도시의 마천루가 시민의 등급(?)을 나누는 어간재비 구실을 할 수도 있다.

어간재비는 키가 크고 몸집이 큰 사람을 빗대어 이르는 말로도 널리 쓰여 왔다. 사람들 사이를 가르는 칸막이가 될 정도로 몸집이 크다는 뜻이다. 비록 덩치 큰 사람을 놀리느라 그리 불렀겠지만, 어간재비라 불려도 그리 언짢지만은 않을 것 같다. 그런데 어간재비보다 더 큰 사람을 가리키는 우리말도 있다. 바로 '천왕지팡이'라는 말이다. '천왕'이 하늘의 왕이니까, 저 높은 하늘에 있는 왕이 땅을 짚는 지팡이라는 뜻이 된다. 보통 허풍이 아니지만, 상상 외로 몸집이 큰 사람을 보았을 때의 놀라움이 담긴, 재미있는 표현이라고 생각된다.

어리어리와 어리눅다

사무실에서 온종일 의자에 엉덩이를 붙이고 앉아 있다 보면, 일하다 말고 저도 모르게 깜박깜박 졸 때가 있다. 이럴 때는 정신이 맑지 못하고 기운이 없어서 갑자기 누가 무슨 말을 걸면 얼른 알아듣기도 어렵고 몸을 움직이기도 힘들어진다. 이런 상태를 우리말로 흔히 '어리버리하다'고 표현한다. 그러나 '어리버리하다'는 말은 올바른 말이 아니다. 정확히 표현하려면 '어리바리하다'고 해야 한다.

비슷한 말 가운데 '어리마리'란 말도 있다. '어리마리'는 잠이 든 둥 만 둥 하여 정신이 흐릿한 상태를 뜻한다. 정신이 맑지 못하면 어리바리하고 어리마리한 것이지만, 그러다 의자에 앉은 채 살짝 겉잠이 들거나 얕은 잠에 빠지면 어리어리한 상태가 된다. 이처럼 '어리'를 겹쳐 쓴 '어리어리'는 겉잠이나 얕은 잠이 설핏 든 모양을 나타내는 말이다.

또, '어리어리하다'는 "이렇게 어리어리해 보여서는 일을 맡길 수 없다."와 같이 말이나 행동이 다소 어리석은 듯할 때에도 쓰인다. 하지만 어리어리해 보인다고 해서 모두 어리석은 사람이란 말은 아니다. 어떤 일을 회피하기 위해 일부러 어리숙한 체할 수도 있다. 이처럼 의도적으로 어리석은 체하는 것을 '어리눅다'라고 한다. "그의 어리눅은 표정을 보니, 이번 일을 맡기 싫은 모양입니다." 하고 말할 수 있다.

엉터리와 터무니

'엉터리'는 본디 "사물의 기초"라는 뜻을 가진 말이다. 그래서 '엉터리없다'고 하면 어떤 일의 기초나 근거가 없다, 곧 이치에 맞지 않다는 뜻이 된다. 이 말을 응용하여 허황된 말이나 행동을 하는 사람을 가리켜서 '엉터리없는 사람'이라고 했던 것이다. 그러나 요즘에는 '엉터리없는 사람'을 그냥 '엉터리'라고 하는 것도 표준말로 인정하고 있다. 이것은 잘못 알려진 말이 널리 쓰이게 되니까 할 수 없이 표준으로 삼은 사례라고 할 수 있다.

'엉터리'와 비슷한 말 가운데 '터무니'가 있다. '터무니'는 "터를 잡은 자취"를 뜻하는 말로서, "수십 년 만에 고향에 갔더니 우리 가족이 살던 터무니가 사라졌다."고 쓸 수 있다. 이 말은 또, 정당한 근거나 이유를 나타내는 말로도 널리 쓰여 왔다. "변명을 하더라도 터무니가 있어야 통한다."고 말할 수 있다. 그래서 정당한 근거나 이유가 없을 때, '터무니없다'고 말한다. 다만 '엉터리있다'는 말이 없는 것처럼, '터무니있다'는 말은 쓰지 않는다.

'엉터리없다', '터무니없다' 들처럼 '없다'가 붙어 쓰이는 말 가운데 '어처구니없다'는 말이 있는데, 이 또한 '어처구니있다'고 하지는 않는다. '어처구니'는 '상상 밖에 엄청나게 큰 물건이나 사람'을 가리키는 말이다. 지금도 건설 장비 가운데, 큰 바위를 깨뜨리는 커다란 쇠망치를 어처구니라 한다. 이 말을 응용하여 '어처구니없다'고 하면, 하도 기가 막혀 어찌할 줄을 모른다는 뜻이 된다.

에라, 잘코사니다

묵은해를 떠나보내고 새해를 맞이할 때에는 한 해를 잘 매조지어 새해를 준비해야 더 나은 한 해를 맞이할 수 있겠다. 그러기 위해서는 업무뿐만 아니라 자기 마음도 깨끗하게 비워서 새 마음으로 새해를 맞이해야 할 텐데, 무엇보다 사람에 대한 스트레스를 없애야 하겠다. 스트레스가 모든 병의 주된 요인이라고 한다. 사람들이 힘들어하는 것은 대개는 사람에 대한 미움과 짜증이다. 우리 주위에는 정서적인 긴장을 주고 짜증을 일으키는 미운 사람들이 있기 마련이다. 이런 미운 사람이 불행을 당하면 고소한 마음이 들 때가 있는데, 이때 쓰는 말이 '잘코사니'라는 말이다. "잘난 척 하더니 에라, 잘코사니다."처럼, '잘코사니'는 미운 사람의 불행을 고소하게 여길 때 쓰는 순우리말이다.

하지만 잘코사니 여긴다고 해서 상대방에 대한 미움과 짜증이 풀리는 것은 아니다. 마음을 깨끗하게 비우기 위해서는 미운 감정도 깨끗하게 씻어내야 하겠다. 미운 사람일수록 그 사람을 용서하고 오히려 도움을 베푼다면, 마음이 평화로워진다. 이렇게 "잘못된 것을 용서하고 도와주다."는 뜻으로 쓰는 우리말이 바로 '두남두다'라는 말이다. 세밑에는 미운 사람이 불행을 당하면 잘코사니 여기지 말고 두남두는 마음을 가져보면 어떨까.

여우다와 여의다

아들딸을 다 키워놓으면 자기들끼리 짝을 이뤄서 부모 곁을 떠나는데, 우리말에 사랑하는 사람과의 이별을 뜻하는 '여의다'와 '여우다'가 있다.

'여의다'는 "부모나 사랑하는 사람이 죽어서 이별하다."란 뜻으로 쓰는 말이다. 그런데 어느 때부턴가 이 말을 "딸을 여의다."처럼 '딸을 시집보내다'라는 뜻으로도 쓰게 되었다. 본디 딸을 시집보내는 것을 이르는 우리말은 '여의다'가 아니라 '여우다'이다. "아랫마을 김씨네가 막내딸을 여운다고 해."처럼 요즘도 시골 어르신들이 자주 쓰는 말이다. 그런데 '여우다'가 '여의다'와 발음이 비슷한데다가, 아주 옛날에는 딸을 시집보내고 나면 다시는 볼 수 없었기 때문에 마치 죽어서 이별한 것과 다름없다 하여 그 슬픈 심정을 "딸을 여의다."로 에둘러 표현했던 것이다. 그러다가 오늘날에는 아예 딸을 시집보낸다는 뜻의 '여우다'는 표준말에서 비껴나 버리고 '여의다'만이 표준말이 되었다.

그러나 아직도 '여우다'는 호남 지역을 중심으로 뚜렷하게 살아 있는 순우리말이다. 이제 문화도 많이 달라져서 딸을 시집보낸다고 해서 못 보게 되는 것이 아니기 때문에 "딸을 여의다."는 말은 맞지 않게 되었다. 하루빨리 '여우다'를 표준말의 자리에 찾아 앉혀서, 딸이 세상을 떠났을 때는 "딸을 여의다."라고 하고, 딸을 시집보낼 때는 "딸을 여우다."라고 하여 뜻을 뚜렷하게 구분하여 사용했으면 한다. 우리말을 가멸게 하는 길은 멀리 있지 않다.

옹춘마니와 옹망추니

우리는 흔히 융통성이 없는 사람을 '유도리 없다'고 말하는데, 이 '유도리'는 다들 알고 있듯이 일본어 잔재이다. 일본어 'ゆとり'[유토리]는 마음의 여유라는 뜻으로 쓰이는 말이다. 그래서 우리는 '유도리'를 '융통성'으로 순화해서 쓰고 있다. 그렇지만 '융통성'도 한자말이다. 그렇다면 이 유도리나 융통성을 바꾸어 쓸 만한 순우리말은 없을까? 지금은 잘 쓰이지 않고 있지만, 융통성이 없는 사람을 가리키는 순우리말이 있다. 바로 '옹춘마니'라는 말이다.

"저 사람은 유도리가/융통성이 없어."를 "저 사람은 옹춘마니야." 라고 바꾸어 쓸 수 있다. '옹춘마니'는 소견이 좁고 융통성이 없는 사람을 뜻하는 순우리말이다. 그런데 이 옹춘마니보다 앞선 토박이말 가운데 그 뜻이 비슷한 '옹망추니'가 있다. 『표준국어대사전』에는 이 말을 "고부라지고 오그라져 볼품이 없는 모양. 또는 그런 물건."이라고 풀이해 놓았다.

어떤 모양이나 물건을 가리키는 '옹망추니'를 사람에 비유하면 어떻게 될까? 성격이나 행동이 고부라지고 오그라져 볼품없어 보이는 사람을 옹망추니라 할 수 있을 것이다. 그래서 사전에는 옹망추니의 확장된 뜻으로 "소견도 좁고 마음도 좁은 사람을 속되게 이르는 말"이라고 달아 놓았다. 단순히 옹춘마니라면 그저 고지식한 사람이겠거니 하지만, 옹망추니는 속까지 좁은 사람이니 편협하게 보일 수 있다.

외상말코지

어릴 때 어머니 심부름 가운데 가장 하기 싫었던 것이 외상으로 물건 사오기였다. 그렇잖아도 숫기가 없었던 터라 돈도 없이 물건을 사온다는 건 엄청난 부끄러움을 감내하고 대단한 용기를 내야 했던 일이었다. 하지만 요즘에는 신용카드 한 장으로 얼마가 됐든(그래도 5만 원 넘는 외상엔 간이 졸아들지만) 어디서든 외상을 떳떳이 한다. 달라진 시대는 두께가 1밀리미터 남짓한 플라스틱 안에 모든 부끄러움을 감출 수 있도록 만들었다.

순우리말에 '외상없다'라는 말이 있다. "조금도 틀림이 없거나 어김이 없다."는 뜻으로 쓰이는 토박이말이다. 가령, "그 사람은 참 성실해서 무슨 일이든지 외상없이 해놓곤 한다."라고 쓸 수 있다. 신용카드는 비록 30일 안에 물건 값을 치르면 되도록 외상을 주고 있지만, 그 약속을 어기면 잔인한(?) 대가가 따른다. 외상없이 외상을 해야 계속 쓸 수 있는 신용 장부인 셈이다.

외상과 관련하여 살려 쓸 만한 토박이말 가운데 '외상말코지'가 있다. 이 말은 어떤 일을 시키거나 물건을 맞출 때, 돈을 먼저 치르지 않으면 얼른 해 주지 않을 때 쓰는 말이다. 가끔 주택 재개발 조합이 아파트 분양을 앞두고 분양가 산정 문제로 어려움을 겪는 일이 있다. 그럴 때면 이미 공사를 시작한 시공사는 분양대금이 들어올 때까지 외상말코지를 해야 한다. 시공사와 조합원 모두가 한 마음으로 바라는 것은 분양가 협상이 잘 되어 외상없이 공사가 진행되는 것이다.

우리 가게 정짜님들

가짜 물건이나 모조품을 '짝퉁'이라고 하는데, 이 말에 반대되는 순우리말이 있다. 바로 '정짜'라는 말이다. '정짜'는 거짓으로 속여 만든 물건이 아닌 정당한 물건을 뜻하는 말이다. "그 명품 가방이 짝퉁인지 진품인지 구별되지 않는다."고 할 때, 이 '진품'은 한자말이고, 그에 해당에는 순우리말이 '정짜'이다. 그런데, 순우리말 '정짜' 외에 한자 '바를 정'(正) 자를 쓰는 '정짜'가 또 있다. 이때의 '정짜'라는 말은, 가게에 들러 그냥 눈 구경만 하지 않고 들르면 꼭 물건을 사 가는 단골손님을 뜻하는 말이다. 가게를 운영하는 상인들이 가장 좋아하는 손님이 바로 '정짜'라고 할 수 있다.

그런가 하면, 상인들이 그리 달가워하지 않는 손님도 있는데, 그 가운데 하나가 바로 '굳짜'이다. '굳짜'는 구두쇠와 같은 뜻으로 쓰이는 우리말이다. '굳짜'라고 할 때의 '굳'이란 말은 '굳다'의 어간이다. 씀씀

이가 무르지 않고 딱딱하게 굳어 있는 사람이 바로 '굳짜'이다. '구두쇠'의 '구두'란 말도 '굳다'에서 변해 온 말이라고 볼 수 있다. 여기에 사람을 낮추어 부를 때 쓰이던 뒷가지 '쇠'가 붙어서, 인색한 사람을 낮추어 말할 때 '구두쇠'라고 하는 것이다. '마당쇠', '돌쇠' 할 때의 '쇠'가 바로 사람을 낮춰 부르는 기능을 하고 있다.

웅숭깊다와 드레지다

흔히 "성질이 부드럽고 상냥하다."는 뜻으로 '살갑다'라는 말을 들을 수 있다. 이 말과 같은 뜻으로 쓰이는 말이 바로 '곰살갑다', 또는 '곰살궂다'라는 말이다. "직접 만나보니, 참 곰살가운(곰살궂은) 사람입니다."처럼 쓸 수 있다. 나라 살림을 맡아서 많은 공직자들을 이끌어가기 위해서는 언행이 무겁고 점잖아야 하겠는데, 우리말에 "사람됨이 가볍지 않고 점잖아서 무게가 있다."는 뜻으로 쓰이는 말이 바로 '드레지다'라는 말이다. "그분은 청렴하고 드레진 사람이라 늘 대통령감으로 거론되는 분입니다."와 같이 말할 수 있다.

그러나 막중한 국정을 무리 없이 수행하려면 드레진 성품과 함께, 그 품고 있는 생각이나 뜻이 크고 넓어야 더욱 바람직하겠다. 이처럼 "도량이 크고 넓다."는 뜻으로 쓰는 우리말이 바로 '웅숭깊다'이다. "그분의 웅숭깊은 생각은 감히 따라갈 수가 없습니다."라고 말한다.

이와는 반대로, "참을성이 없고 성질이 급하다."는 뜻으로 쓰는 우리말이 '성마르다'라는 말이다. 성마른 사람이 어떤 단체의 수장을 맡게 되면, 그 밑에서 일하는 사람들은 단 한 순간도 긴장하지 않을 수 없을 것이다. 잘 들어보지 못한 말 가운데 '영절맞다'는 말이 있다. '영절맞다'는 "실제로 보는 것처럼 말로는 그럴 듯하다."는 뜻으로 쓰는 말이다. 만일 누가 사무실에 앉아서, "겨울바다가 가만히 흔들리고 갈매기들이 날개를 떨고 있어."라고 말하면, "참 영절맞은 소리를 한다."고 말할 수 있다.

이력과 노총

가을은 수확의 계절이며 여행자의 계절이다. 그러나 한편으로는 취업 철이 시작되는 때이기도 하다. 마지막 학기를 보내며 많은 젊은 이들이 사회의 문을 두드리는 계절이다. 취업을 위한 첫 준비가 바로 이력서를 쓰는 것이다. '이력'은 자기가 겪어 지내온 학업과 경력의 발자취이고, '이력서'는 이 이력을 적은 서류를 가리킨다.

그런데 우리가 흔히 알고 있는 한자말 '이력' 말고 순우리말 가운데도 '이력'이 있다. 순우리말 '이력'은 "많이 겪어 보아서 얻게 된 슬기"를 뜻한다. 가령, "이젠 이 장사에도 웬만큼 이력이 생겼다."와 같이 어떤 일에 '이력이 나다', '이력이 붙다'처럼 사용하는 말이다. 이럴 때 쓰는 '이력'과 한자말 '이력'은 전혀 다른 말이니 잘 구별해야 한다. 한글학회는 한자말 '이력'을 순우리말로 바꾸어 '해적이'라 쓰고 있다. 자기가 지내 온 일들을 햇수 차례대로 적은 것이어서 '해적이'이다.

한자말과 순우리말의 소리가 똑같아서 어느 한쪽이 잘 쓰이지 않게 된 사례가 더러 있다. 이때에는 주로 순우리말 쪽이 한자말에 가려 버린다. '한국노동조합총연맹'을 줄여서 '노총'이라고 하는데, 이 말은 생긴 지 한 세기가 되지 않았는데도 '노총' 하면 누구나 한국노동조합총연맹을 떠올리게 되었다. 하지만 몇 백 년 이상 써 온 순우리말 가운데도 '노총'이 있다. 순우리말 '노총'은 "일정한 기일 동안을 남에게 알리지 않아야 될 일"을 뜻한다. 가령, "그 일은 노총이라, 일이 완성될 때까지 비밀이다."처럼 쓰는 말이다.

이르집다

부부싸움을 할 때 감정이 격해지면 예전에 서운했던 일들을 들추어내게 된다. 그러다보면 싸우게 된 빌미는 잠시 잊어버리고 그동안 가슴 안쪽 깊숙이 담아 두었던 것들에 불이 지펴져서 종종 큰 싸움으로 번지기도 한다. 이렇게 이미 지나간 일을 들추어내는 것을 '이르집다'라고 한다. 흔히 "남의 아픈 데를 이르집다."라고 말할 수 있다.

이 말은 또, '없는 일을 만들어 말썽을 일으키다'는 뜻으로도 쓰인다. "그냥 지나가면 될 텐데 괜히 이르집어서 이 난리를 피우냐."처럼 말할 수 있다. 본디 이 말이 처음 생길 때는 "밭을 일구기 위해 단단한 땅을 이르집었다."처럼 '흙을 파헤치다'는 뜻으로 썼다. 그러던 것이 사용 범주가 차츰 넓혀져 현대에 와서는 '오래 전의 일을 들추어내다'라든가, '없는 일을 만들어 말썽을 일으키다'는 뜻으로 쓰이게 된 것이다.

장기적인 경기 침체와 무겁기만 한 가계 부채, 양질의 일자리 부족과 전세 대란 등 그 어느 때보다 국민의 나날살이는 힘들기만 하다. 그럼에도 정쟁에 여념이 없는 정치인들을 보면 암울한 마음이 든다. 정치 노선이나 이념의 차이에서 비롯한 다툼이야 어쩔 수 없지만, 지나간 허물과 상대의 이력까지 이르집어 싸움판을 키우는 것은 바람직하지 않아 보인다.

잠에 관한 순우리말

초겨울로 들어서면 해오름이 늦어져 새벽잠이 깊어지게 된다. 새벽이 되어도 창밖이 어두우니, 이불을 걷고 벌떡 일어나기가 쉽지 않다. 아무래도 겨울은 깊은 잠이 그리운 계절인가 보다.

잠 가운데 으뜸은 '꽃잠'이라 할 수 있다. 사전에서는 '꽃잠'을 "신랑 신부가 첫날밤에 함께 자는 잠"이라고 황홀하게 그려놓고 있지만, 이 말의 본디 뜻은 "깊이 든 잠"이다. 깊이 잠들어야 건강한 법이니, 꽃잠은 말 그대로 건강의 꽃이다. 이 꽃잠보다 더 깊이 잠드는 것을 '왕잠'이라 한다. "아주 오래 깊이 드는 잠"이란 뜻이다. 첫 휴가 나온 아들이 꼬박 스물네 시간을 잠들어 있다가 깨어나서는 아까운 하루를 까먹었다고 징징댄다. 그것이 왕잠이다. 이 왕잠보다도 더 깊이 잠들었다는 것을 나타내느라 만든 말이 '저승잠'이다. "흔들어 깨워도 느끼지 못할 정도로 깊이 드는 잠"이다. 그런가 하면, '이승잠'이란 말도 있다. "이 세상에서 자는 잠"이란 뜻으로, 병을 앓고 있는 중에 계속해서 자는 잠을 가리키는 말이다. 지금은 '의식불명'이니, '식물인간'이니 하는 말을 쓰지만, 옛날에는 아직 이 세상에서 잠을 자고 있다고 '이승잠'이라 했다.

밤늦게까지 텔레비전이나 책을 읽다가 자게 되면, 그 다음날에 일을 하면서 도무지 눈꺼풀의 무게를 견디지 못하게 된다. 이렇게 "아무리 참아도 나른하고 자꾸 눈이 감기는 잠"을 '이슬잠'이라고 한다. 이슬잠이 오면 의자에 앉은 채로 그냥 자버리는 경우도 있는데, 이렇게 "앉아서 자는 잠"을 '말뚝잠'이라 한다. 사무실에서 말뚝잠을 자는 것이니, 잠이 깊이 들 리는 없다. 인기척이 들릴 때마다 자주 깨면서 자는 잠을 '노루잠' 또는 '괭이잠'이라고 한다. 초상집에 가서 밤을 새울 때에는 아무데서나 잠깐씩 눈을 붙여 잠을 자게 되는데, 이것을 '토끼잠'이라고 한다.

'꽃잠, 왕잠, 저승잠'이 깊은 잠이라면, '이슬잠, 말뚝잠, 노루잠, 토끼잠'은 얕은 잠이라고 할 수 있다. 잠 가운데 재미있는 말 한 가지를 더 들면, '해바라기잠'이란 게 있다. 수학여행이나 캠프를 가게 되면, 이불 한 장에 여러 사람이 가운데에 발을 모으고 바큇살처럼 둥그렇게 누워 자는 경우가 많은데, 이것을 '해바라기잠'이라 한다. 해바라기의 모습을 본뜬 말이다.

제비추리와 제비초리

소고기 가운데 이름이 헷갈리는 부위가 있는데, 바로 '제비추리'이다. 제비추리는 소의 안심(소의 갈비 안쪽, 등뼈 아래쪽에 붙은 고기)에 붙은 고기를 가리키는 말이다. 돼지고기의 갈매기살(가로막 부위의 살)이 갈매기와는 무관한 것처럼, 제비추리도 제비와는 아무런 관계가 없다.

제비추리가 실제 혼동되는 경우가 있는데, 그것은 발음이 비슷한 '제비초리'와 잘 구별하지 못하는 경우이다. '제비초리'는 소고기가 아니라, 사람의 뒤통수 한가운데에 뾰족하게 내민 머리털을 가리키는 순우리말이다. 지방에 따라서 '제비꼬리'라고 말하는 경우도 있다. 이 제비초리는 사람마다 있는 게 아니라서, 없는 사람도 많다. 또한 제비초리가 뒤통수 한가운데가 아니라 뒤통수 양쪽 아래로 뾰족하게 나 있는 사람도 있다. 그러나 소고기를 가리키는 제비추리는 어느 소에나다 있다.

　순우리말 '초리'는 '가늘고 뾰족한 부분'을 나타내는 뒷가지로 쓰인다. 그래서 '눈초리'라고 하면, 눈이 귀 쪽으로 가늘게 째져서 뾰족하게 보이는 끝부분을 나타내게 된다. 이러한 우리말의 쓰임을 잘 기억하면 '제비추리'와 '제비초리'를 혼동하는 일이 없을 것이다.

주접스럽다

우리말 '주접'은 이런저런 탓으로 생물이 잘 자라지 못하는 일을 표현하는 말이다. "아기가 주접 한번 끼는 법 없이 무럭무럭 잘 자랍니다."라고 쓸 수 있다. 그런가 하면 '주접'은 또, 옷차림이 초라하고 너절한 것을 가리키는 말로도 쓰인다. "오랜 노숙 생활에 코트며 바지에 주접이 가득 끼었다." 하고 말한다.

이 말이 동사로 쓰이면 '주접부리다'라고 하는데, 추하고 염치없는 짓을 한다는 뜻이다. 이런 행동을 흔히 '주접떨다'라고 말하기도 한다. 재미있는 것은, '주접대다'라고 표현하면 조금 색다른 뜻이 된다는 것이다. 잔칫집이나 뷔페에 가면 먹다 남은 음식을 눈치껏 비닐봉지에 싸서 손가방에 챙겨가는 사람이 있는데, 그러한 행동을 '주접대다'라고 말할 수 있다. 이 말은 "음식에 지나치게 욕심을 부리는 짓을 한다."는 뜻이다.

주접이 형용사로 쓰인 '주접스럽다'도 가령, "그 아주머니는 잔칫집만 가면 주접스럽게 뭘 싸가지고 온다."처럼 음식에 지나치게 욕심을 부리는 짓을 나타내기도 한다. 그러나 일반적으로 "남편 옷차림이 주접스러워서 같이 못 다니겠다."처럼, 볼품이 없고 어수선한 모습을 '주접스럽다'고 한다. 이 말에 더럽다는 뜻이 강조되어 '추접스럽다'란 말이 쓰이게 된 것이다. 그러나 경상도 지방에서 쓰고 있는 '추접다'라는 말은 표준말이 아니다.

지근거리다와 버벅거리다

'정치판을 기웃거리다', '물결이 출렁거리다'처럼, 우리말에는 '-거리다'가 붙어 움직임이나 모양을 나타내는 말이 매우 많다. '-거리다'가 친화력이 워낙 좋다보니, 요즘에는 표준말로 인정되지 않았던 말들까지 시나브로 규범 안에 들어오고 있다.

우리말에 '자꾸 은근히 귀찮게 굴다'는 뜻으로 쓰이는 '지근거리다'가 있다. '지근거리다'보다 작은 느낌을 주는 말이 '자근거리다'이고, '지근거리다'보다 좀 더 성가신 느낌을 주는 말이 '치근거리다'이다. 그런가 하면, '지근거리다', '치근거리다'보다 강한 느낌을 주는 말이 '찌근거리다'이다. 요즘 들어 '치근거리다'를 써야 할 자리에 '추근거리다'는 말이 널리 퍼져 있다. 이 말은 본디 표준말이 아니었지만, 최근 들어 사용 빈도가 높아지면서 규범어에 포함되었다. 그러나 '추근거리다'와는 달리, "추근추근 따라다니다."처럼, '성질이 아주 *끈끈하고* 질

기다'는 뜻으로 쓰이는 '추근추근', '추근추근하다'는 예부터 있어 왔다.

방송의 예능 프로그램에서 자주 들을 수 있는 '버벅거리다'는 말은 본디 "똑똑하지 못한 말소리로 떠벌리다."는 뜻을 지닌 제주도 사투리이다. 이 말은 오랫동안 한글학회 사전(『우리말 큰사전』)에만 올라 있었는데, 요즘에는 국립국어원 사전(『표준국어대사전』)에 "행동이나 말 따위를 자연스럽게 하지 못하고 자꾸 틀리거나 머뭇거리다."는 뜻으로 올라가 있다. 사투리가 널리 퍼져 나가서 조금 달라진 뜻으로 쓰이다가 규범어가 된 사례이다.

집가심과 볼가심

새 집을 사거나 남이 살던 집에 이사를 가게 되면, 티끌 하나 없이 집안 청소를 깨끗이 하게 되는데, 이를 두고 흔히 "입주 청소를 한다."고 말하는 듯하다. 알맞은 우리말이 있는데도 잘 모르고 있기 때문이다. 우리말에 '집가심'이라는, 이 경우에 꼭 알맞은 말이 있다. 입안을 개운하게 씻어내는 것을 입가심이라 하는 것과 같이, '가심'이란 말이 물로 깨끗이 씻어내는 것을 뜻하므로, '집가심'은 집안을 완전히 씻어내는 청소를 가리키는 것이다. "입주 청소를 한다."보다는 "집가심한다."가 훨씬 우리말다운 표현이다.

'집가심'이란 말이 본디부터 집 청소를 뜻하는 말은 아니었다. 사람이 흉한 일을 당한 집을 흉가라고 하는데, 그 흉가에 들어가 살기 위해서, 무당을 시켜 악귀를 깨끗이 가셔내는 풍습이 있었다. 이것을 집가심이라 하다가, 요즘에 들어 그런 풍습이 사라지고, 집을 깨끗이 청소하는 것을 가리키는 말로 굳어졌다.

'가심'을 응용한 말 가운데 '볼가심'이란 말이 있다. 이것은 볼에 있는 시장기를 가셔 낸다는 말이니, 아주 적은 양의 음식으로 겨우 시장기나 면하는 일을 나타낼 때 쓰는 말이다. 지난날 우리 선조들은 끼닛거리가 없어서 죽 한 그릇으로 많은 식구들이 볼가심을 했었지만, 요즘엔 몸무게를 줄이기 위해 볼가심을 하는 젊은이들이 많아졌다. 그러나 의사들은 지나치게 먹는 양을 줄이는 생활이 몸과 마음에 모두 좋지 않은 영향을 끼치리라 경고하고 있다.

집에 관한 순우리말

　남이 살던 집에 이사한 경우에는 집들이를 하기 전에 집을 새로 단장하는 사람들이 많다. 이렇게 집을 보기 좋게 잘 꾸미는 일을 흔히 '인테리어'라는 영어로 표현하고 있지만, 우리에게도 '집치레'라는 토박이말이 있다. '인테리어한다'는 말이 일반화하기 전에 우리는 이를 '집치레한다'고 말해 왔다. 그런데 집을 새로 꾸미지는 않고, 그냥 손볼 곳만 고쳐 가며 집을 잘 가꾸고 돌보는 경우가 많은데, 그럴 때에 쓰는 말은 따로 있다. '집치레한다'고 하면 인테리어를 한다는 말이고, 집을 매만져서 잘 정리하고 돌보는 일은 우리말로 '집가축'이라고 한다. "이번 연휴 때는 집가축을 하며 지냈다."처럼 쓴다.

　집치레나 집가축과는 달리, 집안의 여러 집물 따위를 옳게 간수하기 위해 정돈하거나 단속하는 일은 "집단속을 든든히 했다."처럼 '집단속'이라 한다. 집단속을 했든 아니 했든 누군가 남의 집에 들어와서 물건을 찾기 위해 뒤지는 일을 '집뒤짐'이라 한다. 요즘 국세청이 거액의 세금을 내지 않은 사람들의 집을 뒤지는 일이 보도되고 있는데, 이를 "집뒤짐했다."고 하면 된다. "가택 수색했다."는 어려운 말을 일부러 만들어 쓸 까닭이 없다.

예전에는 집 흥정을 붙이는 일을 직업으로 가진 사람을 '집주릅'이라 불렀다. 이는 약재의 매매를 중개하던 사람을 '약주릅'이라 했던 것과 같다. 요즘에는 '부동산 중개인'이 일반화했지만, 부동산 가운데서 집 매매만을 전문으로 중개한다면 지금도 '집주릅'을 살려 쓸 수 있겠다.

책에 관한 순우리말

가을은 예나 지금이나 책 읽기에 가장 좋은 계절이다. 요즘 우리 나라도 선진국처럼 독서 인구가 점차 늘고 있다는 반가운 통계를 볼 수 있다. 아직도 사람들의 손에는 책보다 휴대전화가 많이 들려 있지 만, 그래도 조금씩 책 읽는 이들이 늘어나고 있는 모양이다.

책을 읽다가 잠시 다른 일을 할 때에, 자기가 읽던 책장 사이에 끼워놓는 조그마한 표가 있다. 이것을 가리켜 '책갈피'라고 부르는 사 람들이 많은 것 같다. 그러나 '책갈피'는 "책장과 책장의 사이"를 가리 키는 말이지, 그곳에 끼워두는 물건을 부르는 말이 아니다. 책갈피에 끼워서 읽던 곳의 표시로 삼는 표는, 한자말로는 '서표'라 하고, 우리말 로는 '갈피표'라고 한다. 또, 읽던 곳을 표시하라고 아예 책에 끈이 달려 있는 경우도 있는데, 이 끈은 '갈피끈', 또는 '가름끈'이라고 한다.

책의 앞뒤 겉장을 요즘은 대개 한자말로 '표지'라고 하지만 본디 우리는 예부터 '책뚜껑'이라 했다. 이 책뚜껑 위에 흔히 겉표지를 씌우는데, 이 겉표지에는 날개가 달려 있다. 책의 겉표지 일부를 안으로 접은 부분을 '책날개'라 한다. 대개 앞 날개에는 저자 소개가 있고, 뒤 날개에는 출판사의 광고물을 싣는다. 책을 소중히 여겼던 우리 선조들은 이렇게 겉표지를 씌우는 것도 모자라 책의 겉장이 상하지 않게 종이, 비닐, 헝겊 따위로 덧씌우기도 하였다. 이것을 '책가위'라 한다. 책가위를 벗기고 겉표지를 들추어 책뚜껑을 열면, 그곳에는 인간의 모든 경험이 녹아 있다.

초다짐과 곁들이

　이제 횟집에 가도 더 이상 '사시미(さしみ)'나 '와사비(わさび)' 같은 일본말은 듣지 않을 수 있게 되었다. 어느덧 '생선회', '고추냉이'가 더 자연스러워졌으며 일식집 차림표에도 그렇게 적힌다. 하지만 횟집에서 아직 물리치지 못한 일본말 찌꺼기가 있다. 바로 '쓰키다시(つきだし)'다. 횟집에 가면 주문한 생선회가 나오기 전에 여러 가지 먹거리를 내오는데 이것을 흔히 '쓰키다시'라 부르고 있다. 생선회를 마련하는 동안, 우선 배고픔을 면하라고 간단히 내주는 음식을 그렇게 부르는 모양이다. 그러나 '고추냉이'를 찾아내어 '와사비'를 없앴듯이 이 말 또한 우리말로 바꿀 수 있다.

　우리말 사전을 살펴보면 '초다짐(初-)'이 있다. "정식으로 식사를 하기 전에 요기나 입가심으로 음식을 조금 먹음. 또는 그 음식."(『표준국어대사전』), "끼닛밥이나 좋은 음식을 먹기 전에 간단한 음식을 조금 먹는 일."(『우리말 큰사전』)이라 풀이해 놓았다. 그러니 '초다짐'은 '쓰키다시'를 물리칠 힘을 넉넉히 지니고 있다. 만일 초다짐만으로는 음식이라는 의미가 뚜렷이 드러나지 않는다고 여겨지면 '저녁거리', '아침거리'라고 하듯이 '초다짐거리'라 할 수도 있겠다.

그런데 요즈음 일식집에 가보면, 주문한 생선회나 요리를 '먹기 전'만이 아니라 '먹는 중'에도 이른바 쓰키다시를 내주거나 요구하는 일이 많다. 만일 주문한 요리를 먹고 있는 중에 나오는 먹거리라면 초다짐은 어울리지 않는 말이 된다. 그래서 몇몇 이들은 '쓰키다시'를 바꾸어 쓸 말로 '곁들이'를 내세우기도 한다. 본 음식에 곁들여 내준다는 사실에 착안하여 만든 낱말이다. '초다짐'이든 '곁들이'든 '쓰키다시'를 물리치는 데에 조금도 모자람이 없는 우리말이다.

촐촐하다와 후출하다

순우리말에 '후출하다'가 있다. 요즘 말글살이에서는 낯설게 느껴지는 말이다. 매우 배가 고픈 상태를 나타내는 말인데, 이 말의 쓰임을 온전히 이해하고자 말밭을 헤쳐 나가다 보면 맨 끝에서 '촐촐하다'를 만날 수 있다. 끼니때가 다가오면서 '배가 조금 고픈 느낌'이 있을 때 '촐촐하다'고 한다. "점심때가 다가오니 촐촐하네."로 표현할 수 있는 것이다.

더 시간이 지나 '배가 고픈 느낌'('조금'이 빠졌다.)이 들면 '출출하다'고 한다. "점심을 거르니 출출하네."에서 볼 수 있듯이, 이 '출출하다'가 배가 고픈 느낌을 가장 일반적으로 나타내는 말이다. 출출하다 못해 허기가 지기 시작할 때에 이르러서 '허줄하다'라는 우리말이 쓰인다. "점심밥을 거르고 아직 저녁밥도 못 먹었더니 허줄하네요."처럼 말할 수 있다.

이 상태가 지속돼서 '허줄하다'보다 더 거센 표현을 하고 싶을 때에는 '허출하다'고 말하면 된다. "지금 너무 허출해서 방송하기가 힘들어요."라고 하면, 지금 너무 허기가 지고 출출해서 방송하기가 힘들다는 뜻이 된다. 온 종일 굶어 기운이 빠진 상태를 나타내고자 '허출하다'보다도 더 센 말을 찾을 때 비로소 '후출하다'를 만나게 된다. '후출하다'는 '배 속이 비어서 매우 허기지다'는 뜻으로 부려 쓸 수 있다. 우리 말밭에는 생각보다 많은 말들이 묻혀 있다.

치렛거리

우리 몸을 치장하는 액세서리를 한자말로는 장식, 또는 장식물이라 하고 순우리말로는 치렛거리라고 한다. 외모에 관심이 많은 사람들은 치렛거리에 무척 공을 들이는데, 치렛거리 착용에 알맞은 우리말을 사용하면 그 아름다움이 더욱 돋보일 것이다.

우리 몸의 일부에 착용하는 치렛거리 가운데 대표적인 것은 목걸이와 귀고리, 팔찌, 시계, 반지와 같은 것들이다. 얼굴에 달거나 목에 끼우는 것은 '걸다'라고 하기 때문에, 귀에 다는 귀고리라든지 목에 끼우는 목걸이는 모두 '귀고리를 걸다', '목걸이를 걸다'처럼 '걸다'로 쓰는 것이 알맞은 표현이다. 다만, 귀고리의 경우에는 귀에 구멍을 뚫어서 그 구멍에 고리를 끼우기도 하기 때문에 '귀고리를 끼다'라고 말할 수도 있다. 예부터 '귀고리'로만 일컬어졌는데 현대국어에서는 '귀걸이'도 함께 표준말이 되었다. 흔히 "예쁜 목걸이를 한 사람" 또는

"금목걸이를 찬 사람" 이렇게 '목걸이를 하다', '목걸이를 차다'라고 말하고 있는데, '목걸이를 걸다'로 말하는 것이 바르다.

또, '시계를 차다', '완장을 차다' 들처럼 무엇인가를 몸에 걸어서 지니고 다닐 때에는 '차다'라는 말을 쓴다. 흔히 "넥타이를 찼다."고 말하는 경우가 많은데, 넥타이는 찬다고 하지 않고 맨다고 한다. "넥타이를 맸다."라고 해야 바른 표현이다. 다만, 시계와 비슷하게 착용하는 팔찌의 경우에는 '팔찌를 차다'와 '팔찌를 끼다'가 모두 맞다고 할 수 있다. 팔찌는 팔목에 끼우기도 하고 두르기도 하는 다양한 형태로 되어 있기 때문이다.

타끈스럽다와 찜부럭

말이나 행동이 좀 쩨쩨하고 남부끄러울 때 흔히 '치사하다'고 말한다. 그런데 이 치사한 사람이 남에게 아주 인색하고, 거기다가 욕심이 많기까지 하다면, 그러한 사람을 우리말로 뭐라고 표현할 수 있을까? 아마도 '타끈스럽다'는 말이 가장 알맞을 듯하다. '타끈스럽다'는 "치사하고 인색하며 욕심이 많은 데가 있다."는 뜻을 지닌 토박이말이다. 자기 돈은 한 푼도 안 쓰고 쩨쩨하게 굴면서 욕심이 많은 사람이 있다면, "저 사람은 참 타끈스러운 사람입니다."라고 말할 수 있을 것이다.

코로나19 감염증이 유행하던 시기에, 이 타끈스러운 사람이 이끌고 있던 나라가 한때 코로나 바이러스 감염증에 가장 큰 피해를 당했었다. 세계 최강대국이라 자처하는 나라이지만, 국가 지도자가 이 전대미문의 바이러스 감염증을 한낱 감기처럼 가벼이 여기고 있었으니,

그 피해는 오롯이 국민의 몫이 될 수밖에 없었다.

　나라 안 사정도 다르지 않다. 출구가 보이지 않는 경기 침체와 가계 부채 증가, 양질의 일자리 부족 등으로 나날살이에 '찜부럭'을 내는 사람들이 갈수록 늘어나고 있는 듯하다. 몸이나 마음이 괴로울 때 걸핏하면 짜증을 내는 것을 '찜부럭'이라고 한다. 아무 것도 아닌 일로 찜부럭을 내다보면 자칫 판단력도 흐려질 수밖에 없다. 나라의 안위와 민생을 살펴 이끌어야 하는 국가 지도자는 타끈스러워서도 찜부럭을 내서도 안 될 것이다.

투미하다

몇 년 전 미투(Me Too) 논란으로 우리 사회가 들썩인 적이 있었다. 비록 들온말이지만 처음부터 '미투하다'는 말이 낯설지 않았는데, 이 말을 자주 듣다 보니 언뜻 '투미하다'는 우리말이 떠올랐다. 어리석은데다가 둔하기까지 한 사람을 가리키는 토박이말이다. 경상도 지방에서 '티미하다'고 하는 말의 표준말이 '투미하다'이다.

억눌리고 감추어 왔던 성 관련 피해 사실을 용기 있게 알려 여론의 도움을 받고자 하는 게 미투 운동인데, 아직은 투미한 사람들이 그 아픔을 헤아리지 못하고 있는 듯하다. "그 사람은 투미해서 답답하기 짝이 없다."처럼, 상대방이 자기 말을 잘 못 알아듣고 둔하게 반응할 때에 '투미하다'는 말을 쓸 수 있다. '투미하다'와 비슷한 뜻을 가진 한자말로 '토매하다'는 말이 있다. 쓰임은 비슷하지만, '투미하다'는 순우리말이고, '토매하다'는 한자말이다.

만일 투미한 사람이 어떤 조직이나 부서의 대표를 맡게 되면 그 구성원들은 답답한 나머지 화병이 날 수도 있겠다. '투미하다'와 쓰임이 그리 다르지 않은 우리말 가운데 '트릿하다'도 있다. 맺고 끊는 데가 없이 흐리터분하고 똑똑하지 않다는 뜻이다. 일부 지역에서는 '티리하다'고 말하고 있다. 저 위에 있는 '티미한' 사람들의 '티리한' 일 처리에 가슴앓이를 하는 이들이 적지 않을 것이다.

허겁지겁과 헝겁지겁

　예전에 동네 축구를 할 때 보면, 공을 차다가 운동화가 벗어져 공과 함께 날아가는 일이 흔했다. 이때 "신발 한 짝이 벗어졌다."고 하는데, 사실 이 말은 바른 표현이라고 볼 수 없다. '신발'이라고 할 때, '발'은 '손발'이라고 할 때의 그 '발'이 아니라, '벌'이라는 뜻이다. 옷을 헤아릴 때 쓰는 '한 벌', '두 벌'의 그 '벌'을 가리킨다. 곧 두 개가 하나로 짝을 이룬 것을 '벌'이라고 하는데, '신발'의 '발'은 이 '벌'이 소리가 바뀌어서 '발'로 굳어진 것이다. 그러니까 '신발'이라고 하면, 신의 한 벌, 즉 신 두 짝 모두를 뜻하는 말이다. 그러므로 "신발 한 짝이 벗어졌다."는 말은 본디 "신 한 짝이 벗어졌다."로 해야 바른 표현이 됨을 알 수 있다.

　축구 경기 중계를 보다 보면, "저렇게 문전으로 허겁지겁 덤벼들어선 안 되죠, 침착해야 돼요."라는 해설자의 말을 들을 수 있다. 이처럼 '허겁지겁'이라는 말은 '마음이 급해서 허둥대는 모양'을 말한다. 그런데 우리는 자신도 모르게 '허겁지겁'이라는 말을 엉뚱하게 쓰기도 한다. 가령, "그녀는 대상 수상자로 이름이 불리자 허겁지겁 뛰어나와 눈물을 글썽이며 상을 받았다."라고 하는데, 이때에는 '허겁지겁' 대신 '헝겁지겁'이란 말을 쓰는 것이 옳다. '헝겁지겁'은 '좋아서 정신을 차리지 못하고 어쩔 줄 모르는 모양'을 나타내는 순우리말이다. 마음이 급해서 허둥대는 '허겁지겁'과, 좋아서 어쩔 줄을 모르는 '헝겁지겁'을 잘 구별해서 쓰면 우리말이 더욱 가멸게 느껴질 것이다.

황그리다와 왈짜

지난날 코로나19 감염증이 무서운 기세로 퍼져 나갈 때에, 많은 국민들은 교회 예배와 거리 집회, 갖가지 모임 등을 통한 집단 감염을 우려했었다. 실제로 코로나19 2차 확산에 대한 공포가 온 나라로 번져 나갈 즈음에는 확산의 빌미가 되었던 몇몇 사람들이 여론의 지탄을 받기도 했다.

우리말에 "욕될 만큼 매우 낭패를 당하다."는 뜻으로 쓰이는 낱말이 바로 '황그리다'라는 말이다. "코로나19 방역 체계를 황그렸으니 국민들이 분노할 만하다."라고 사용할 수 있다. 무대에서 공연하던 배우가 큰 실수를 저지르고 "울면서 황그리는 걸음으로 무대 뒤로 뛰어 들어갔다."라고 말할 수도 있다.

행동이 단정하지 못하고 수선스럽고 거친 사람을 '왈짜'라고 하는데, 우리나라의 전염병 방역 당국을 황그리어 깊은 늪에 빠트린 사람들 가운데 몇몇 왈짜들이 지목되기도 했었다. 이 왈짜들 가운데서도 참 유별난 '별짜'가 공분을 불러일으킨 바 있는데, 별짜는 뭇사람들과는 다른, 별스러운 짓을 하는 사람을 가리키는 말이다. 그 별스러운 짓이 개인의 욕심을 채우기 위한 것이라면 지탄 받아 마땅하다. 별짜의 다른 얼굴이 음흉하고 심술궂게 욕심을 부리는 '몽짜'라면 더욱 그렇다.

흐리다와 하리다

날씨는 맑거나 맑지 않다. 날씨가 맑지 않은 것은 "날씨가 흐리다."처럼 '흐리다'는 말을 써서 나타낸다. 또, 조금 맑지 않은 듯하면 '흐릿하다'고 한다. 사람의 정신도 대자연의 날씨처럼 맑지 않을 때가 있다. 사람의 정신이 맑지 않은 것은 '흐리다'의 작은말인 '하리다'를 써서 나타낸다. 곧 '기억력이나 판단력이 분명하지 않다'는 뜻으로 쓰이는 말이 '하리다'이다. 기억력이 조금 맑지 않은 듯하면 역시 '하릿하다'고 말한다. 자연의 날씨에는 큰말인 '흐리다'를, 사람의 정신에는 작은말인 '하리다'를 쓴다.

이 '흐리다'를 바탕으로 해서 '흐리멍덩하다'는 말이 생겨났다. 흔히 "흐리멍텅한 녀석"이라든가, "일을 흐리멍텅하게 처리했다."와 같이 '흐리멍텅하다'라고들 말하고 있지만, '흐리멍텅하다'는 말은 표준말이 아니다. '정신이 맑지 못하고 흐리다'거나 '일의 경과나 결과가 분명하지 않다'는 뜻으로 쓰이는 말은 '흐리멍텅하다'가 아니라 '흐리멍덩하다'이다. 옛날에는 '흐리뭉등하다'로 말해 오다가, 오늘날 '흐리멍덩하다'로 굳어진 말이다.

'흐리다'에서 '흐리멍덩하다'가 나왔다면, 그 작은말인 '하리다'에서는 '하리망당하다'가 나왔다. '하리망당하다'는 정신이 아른아른하고 맑지 못하다는 뜻이고, 하는 일이나 행동이 분명하지 않을 때 쓰는 말이다. '흐리멍덩하다'와 '하리망당하다' 역시 큰말과 작은말의 관계이므로, 정신이 조금 덜 흐려져서 아른아른한 상태이면 '하리망당하다'고 말할 수 있다. 어쩌면 요즘 세상살이는 얼마간 하리망당해야 버텨낼 수 있을지도 모른다.

우리말 속
외래어 이야기

'외래어'라고 하면 우리나라에 들어와 우리말에 속하게 된 외국말로
서, 달리 '들온말', '차용어'라고도 한다. 우리나라는 외래어를 한글로
표기하는 <외래어 표기법>(현행 표기법은 2017년 3월에 문화체육관
광부에서 고시한 것임)을 어문 규범 가운데 하나로 정해 놓고 있다.
하지만 현실의 말글살이에서는 외국어나 외래어를 규범에 맞지 않게
적거나 무차별적으로 변형시켜 국적 없는 말들을 양산하고 있는 현상
이 뚜렷하다. 특히 우리말 속에 영어를 섞어 쓰는 말살이가 당연시되
고 있고, 국적도 알 수 없는 수많은 비정상적인 말들이 만들어지고
있다.

가다마이와 남방

양복을 흔히 '가다마이'라 하기도 하고 이 말을 줄여서 그냥 '마이'라고도 하는데, 이 말은 일본말 '가다마에'에서 온 것으로 표준말이 아니다. 일본에서는 단추가 외줄인 양복저고리를 '가다마에'라 한다. 이것을 영어식 표현으로 '싱글'이라 하는 사람도 있는데, 우리말로는 '양복저고리'라고 하면 된다.

요즘처럼 더운 날, 특별한 경우가 아니면 남자들은 양복저고리 대신에 소매가 짧은 셔츠를 즐겨 입는다. 흔히 '남방'이라고 부르는 옷이다. 이 '남방'은 '남방(南方) 셔츠(shirts)'가 줄어서 된 말이라고 한다. 남방은 '남쪽지방' 곧 동남아 지역을 가리키는 말이다. 그 곳은 날씨가 덥기 때문에 옷 모양을 소매가 짧고 통풍이 잘 되도록 헐렁하게 만들어 입는다. '날씨가 더운 남방 지방에 사는 사람들이 주로 입는 모양의 옷'이라는 뜻으로 '남방셔츠'란 말을 만들어 쓰다 보니, 자연스럽게

'남방'으로 줄어들게 된 것이다.

양복저고리 안에 받쳐 입는 옷도 남방이라고 말하고들 있지만, 본디는 '와이셔츠'라 한다. 와이셔츠는 양복 바로 안에 입는 서양식 윗옷이다. 깃과 소매가 달려 있고 목에 넥타이를 매게 되어 있다. 와이셔츠의 목 부분에 있는 깃을 말하는 외래어는 '칼라'인데, 일본말의 영향으로 흔히 [카]래로 잘못 소리 내고 있다. [칼라로 발음하고 '칼라'로 쓰는 것이 옳다. (빛깔을 이르는 외래어는 '컬러'이다.) 요즘에는 외래어 '칼라' 대신에 이 말의 순화어인 '옷깃'이 널리 자리 잡아가고 있다.

건달, 놈팡이, 깡패

우리는 잘 느끼지 못하고 있겠지만, '건달'이나 '놈팡이', '깡패' 같은 말들은 모두 외국말의 영향으로 생겨난 말들이지 본래의 우리말이 아니다. '건달'이란 말은 불교 용어라고 할 수 있다. 불법을 수호하고 있다는 여덟 신장 가운데 하나인 '건달바(Gandharva)'에서 유래했다고 한다. 따라서 이 '건달바'는 우리말이나 한자말이 아니라 고대 인도어라고 할 수 있다. 건달바는 음악을 맡아보는 신으로, 하늘을 날아다니면서 노래만 즐기기 때문에, "하는 일 없이 빈둥빈둥 놀거나 게으름을 피우는 사람"을 '건달'이라 부르게 되었다고 한다. 이 건달 앞에 다시 빈손이라는 뜻을 가진 백수를 붙여서 '백수건달'이라 하면, "돈 한 푼 없이 빈둥거리며 놀고먹는 건달"을 가리키게 되는 것이다.

건달을 낮춰서 말하는 속어가 바로 '놈팡이'이다. 놈팡이는 "직업이 없이 빈둥거리며 노는 남자"를 조롱하는 말로 쓰이고 있다. 건달이

고대 인도어인 산스크리트어에서 온 말이라면, 놈팡이는 독일어에서 비롯한 말로서, "부랑자, 실업자"를 뜻하는 독일어 '룸펜(Lumpen)'이 원어라고 한다. 이 말이 일본에 흘러들어가서 일본어 사전에 "직업 없이 빈둥거리는 남자"라는 뜻으로 올라갔는데, 다시 일제강점기에 우리한테 전파되어 '놈팡이'로 변하게 되었다고 한다.

건달이나 놈팡이와는 달리 범죄 조직이라 할 수 있는 '깡패'는 "폭력을 쓰면서 행패를 부리는 무리를 낮추어 부르는 말"이다. 이 말은 영어의 '갱(gang)'과 한자말 '패(牌)'가 합쳐져서 생겨난 말이다. '패'라는 말은 "함께 어울려 다니는 사람의 무리"라는 뜻으로 쓰이는 한자말이다. '건달'이나 '놈팡이', '깡패'는 모두 알고 보면 각각 인도와 독일, 미국에서 들어와 우리말에 녹아든 다국적 언어라고 볼 수 있다.

계란 야채 토스트

전철에서 내려 승강장을 빠져나오면 땅 위로 올라가기 전에 조그마한 토스트 가게가 있다. 이 가게에서 가끔 달걀부침과 채소를 넣은 토스트를 사서 먹곤 한다. 그런데 처음 이곳에서 토스트를 살 때, "달걀 채소 토스트 하나 주세요." 했더니 알아듣지 못했다. 두어 번 거듭 말하니 "아, 계란 야채 토스트요?" 하고 내주었다. 그 뒤 서너 달 동안 이 가게에서 같은 토스트를 열 번 넘게 샀는데도, 주인은 아직 선뜻 알아듣지 못하고 꼭 '계란 야채'임을 확인시킨 뒤 내어주고 있다. 둘 다 고집쟁이이다.

지난날에 '비행기'를 '날틀'로 쓰자는 것이 토박이말 쓰기 운동인 것처럼 우리말 운동가들을 조롱했던 이들이 있었다. 토박이말 쓰기 운동은, 지금 쓰고 있는 한자말을 모두 순우리말로 쓰자는 것이 아니라, 한자말과 우리말이 같은 뜻으로 함께 쓰이고 있는 경우, 이왕이면 우리말을 표준으로 쓰자는 것이다. 일제강점기 이후 널리 퍼진 한자말 '계란'은 예부터 우리말 '달걀'로 불러 왔었다. 또, 얼마든지 살려 쓸 수 있는 아름다운 우리말이 있는 경우, 뜻이 모호하고 발음이 어려운 한자말 대신 우리말로 바꾸어 쓰자는 것이 우리말 쓰기 운동의 참뜻이다. 그래서 '노견'은 '갓길'로, '고수부지'는 '둔치'로 순화되었다.

어떤 이들은 한자말을 토박이말로 옮겨 쓰면 소리마디 수가 길어진다고 하는데, 모두 그런 것은 아니다. 가령 '신입생'을 '새내기'로, '화중지병(畵中之餠)'을 '그림의 떡'으로, '조족지혈(鳥足之血)'을 '새 발의 피'로 바꾸어 말해도 소리마디 수는 늘어나지 않는다. 우리말을 살려 쓰는 데 소리마디 수가 늘어나는 것을 기피할 까닭도 없다. 토박이말을 살려 쓰고 다듬어 쓰는 일에 더욱 공을 들여야 한다.

공문서의 '필히'와 '본'

우리나라 공문서에는 아직까지도 외국어투 문장이나 이른바 '공문서투'라 불리는 불필요한 표현이 많이 쓰이고 있다. 가장 흔한 예가 일제 때의 낡은 버릇이 남아 있는 표현들이다. 예를 들어, 공문서에서는 "필히 참석하여 주시기 바랍니다."와 같은 표현을 흔하게 볼 수 있다. 이때의 '필히'라는 말은 일본에서 '必ず'(かならず)라고 쓰는 것을 한자음 그대로 '필히'라고 읽어버린 것이다. 이는 우리말 '반드시', '꼭'들과 같은 뜻이므로, 공문서에서도 "반드시 참석하여 주시기 바랍니다."로 써야 한다. 일상생활에서도 "꼭 와야 해."라고 하지 "필히 와야 해."라고 하지는 않는다.

일제 때의 버릇 가운데, "본 공문으로 대신함", "본 상품의 결함" 들처럼, '본'이라는 말을 남용하는 사례도 아주 흔하다. 예전에는 공식 석상에서 연설을 할 때, '나는'이라 하지 않고 '본인은'이란 말을 즐겨

썼는데, 이것은 일본식 말투로서 지금은 거의 사라지고 있다. 마찬가지로, 문서에 남아 있는 "본 공문으로"와 같은 일본어투 표현도 "이 공문으로"처럼 우리말 표현으로 고쳐 써야 한다.

일본어투 못지않게 우리말 환경을 해치고 있는 영어투 표현도 갈수록 공문서에 흔해지고 있다. 가령, "이 제도를 운영함에 있어"라든지, "새 규정을 적용하는 데 있어"와 같은 문구는 번역문에서 비롯한, 우리말답지 않은 영어식 표현이다. 이 말을 우리말답게 바로잡으면, "이 제도를 운영할 때에", 그리고 "새 규정을 적용할 때에"라고 하면 된다. '~함에 있어서', '~하는 데 있어'와 같은 말은 '~할 때에'로 고쳐 써야 우리말답게 된다.

관용 표기를 인정한 외래어 적기

영어 'system'의 발음은 [sistim]이기 때문에 국제 음성 기호와 한글 대조표에 따라 표기하면 '시스팀'이 된다. 그러나 우리 국어 생활에서 이 말은 오래 전부터 '시스템'으로 굳어져서 널리 사용되어 왔기 때문에 '시스템'이 올바른 표기이다.

외래어 표기법 제1장 표기의 기본 원칙 제5항은 "이미 굳어진 외래어는 관용을 존중하되, 그 범위와 용례는 따로 정한다."고 규정하고 있다. 곧 이미 굳어진 외래어는 규정에 구애받지 않고 굳어진 대로 쓰도록 하고 있다. 보기를 들어, 'camera, radio'는 원어의 발음이 [kæmərə], [reidiou]이기 때문에 규정을 적용하면 '캐머러, 레이디오'가 되지만, 누구도 이를 '캐머러, 레이디오'라고 말하지 않으므로 이미 굳어진 대로 '카메라, 라디오'로 쓰는 것이 옳다.

'시스템'의 경우도 원어의 발음은 '시스팀'이지만 관용 표기를 인정하여 '시스템'을 표준말로 정하였다. 사실, 정확히 따진다면 'system' 의 발음이 꼭 '시스팀'이라고도 할 수 없다. 영어의 '강세'가 한글 표기에 반영되지 못하는 한 낱낱의 소릿값을 원어와 꼭 같게 한글로 옮길 수는 없는 노릇이다. 외래어는 이미 외국어가 아니고 국어의 일부이며, 외래어를 사용하는 것은 외국 사람과 대화하기 위해서가 아니라 우리나라 사람끼리 말할 때 필요해서이다. 따라서 원어의 발음이 어떤지보다는 우리가 어떻게 써 왔는지, 그리고 과연 우리말의 특성에 맞는지를 고려하여 외래어 표기를 정해야 한다고 생각한다.

기라성과 비까번쩍

일상에선 잘 쓰이지 않지만 신문기사나 기고문 따위에서 '기라성'이란 말이 자주 눈에 띈다. '기라성'을 사전에서 찾아보면, "밤하늘에 반짝이는 무수한 별"이라 해놓고, "신분이 높거나 권력을 가진 사람들이 모여 있는 것을 비유적으로 일컫는 말"이라고 풀이하고 있다.

이 말은 일본말이다. 'きらきら'[기라기라]라는 일본말이 있는데 우리말로는 '반짝반짝'으로 옮길 수 있다. 이 '기라기라'에서 생긴 일본말이 '기라보시'이다. 한자 '별 성(星)' 자가 일본말로는 'ほし'[호시]이기 때문에, '반짝이는 별'을 '기라보시'라고 한다. 이 말을 우리가 별 생각 없이 '기라성'이라고 옮겨 쓰고 있는 것이다. '쟁쟁한', '내로라하는' 들과 같은 우리말로 바꾸어 써야 하지 않을까?

일상에서는 '반짝반짝'을 '비까번쩍', '삐까번쩍' 들로 말하는 이들이 많다. 일본말 'ぴかぴか'[삐까삐까]와 우리말 '번쩍번쩍'을 뒤섞은

잡탕말이다. 그런가 하면, 일본말 'いったりきったり'[잇다리깃다리]와 우리말 '왔다갔다'를 아무렇게나 섞어서 '왔다리갔다리'라고 말하는 이들도 많다. 일제강점기의 어두운 그림자가 아직 우리 말글살이에 남아 있다. 우리말도 아니고 그렇다고 일본말도 아닌 괴상한 말들이니 하루빨리 바로잡아 써야 하겠다.

노틀과 꼰대

국어사전대로라면 마흔 살 안팎의 나이를 중년이라 하고 중년이 지난 사람을 늙은이라 하니 쉰 살이 넘으면 늙은이라 할 수 있다. 요즘 오십대 남녀를 보고 늙은이라 하긴 어렵지만, 어쨌든 사전에서 밝힌 늙은이는 오십대부터이다. 늙은이는 젊은이의 상대되는 말일 뿐 결코 부정적인 말은 아니니 크게 거부할 것은 없다. 하지만 젊은이 가운데는 늙은이를 '노틀', '꼰대'로 낮추며 경원시하는 이들이 있다. '노틀'은 속어이고 '꼰대'는 은어이다.

'노틀'은 중국어 '老頭兒laotour, 라오터울'이란 말에서 온 차용어이다. '老頭兒'는 '노인(老人)'을 뜻하는 '老頭'에 접미어 '兒'가 덧붙은 어형인데, 이 말이 한국어에 '노틀'로 정착한 것이다. 그런데 '흰 머리털과 긴 수염'의 이미지를 떠올려서인지 '노틀'을 '노털'로 알고 있는 이들이 더 많다. 실제 중국어 원음에도 '노털'이 더 가깝다. 하지만 표준어로 정해진 것은 '노틀'이다.

'꼰대'는 번데기의 경상도 사투리 '꼰데기'에서 온 말이라는 주장이 있다. 늙은이가 번데기처럼 주름이 자글자글하다는 뜻이니 그럴 듯한 이야기이다. 또, 프랑스어로 백작을 콩테(Comte)라고 하는데, 이를 일본식으로 부르면서 '꼰대'가 되었다는 주장도 있다. 일제강점기에 친일파들은 백작, 자작과 같은 작위를 수여받으면서 스스로를 '콩테'라 불렀는데, 이를 비웃는 사람들이 일본식 발음으로 '꼰대'라 불렀다고 하니, 이 또한 그럴 듯하다. 그런가 하면 지나치게 좀스럽고 꼼꼼한 것을 '꼰질꼰질하다'라고 하니, '꼰대'는 '꼰질꼰질한 사람'에서 비롯한 은어라는 의견도 있다. 어원 풀이들을 보니, 누구나 늙은이가 되겠지만 '꼰대'는 되지 않아야 하겠다는 생각이 든다.

몸뻬, 무대포, 쿠사리

버스가 정류장에 서 있는 걸 보고 달려간 순간 버스가 그대로 떠나버렸을 때에, "간발의 차이로 놓쳤다."라 말한다. 이 표현이 잘못된 것은 아니지만, 이때의 '간발'을 "몇 걸음 안 되는 차이"로 잘못 이해하고 있는 경우가 많다. '간발'은 일본말 잔재로서, 일본에서는 한자로 '사이 간(間)' 자와 '터럭 발(髮)' 자를 적고 'かんぱつ[간바쯔]'로 말한다. "털 하나 차이"라는 뜻으로, 아주 작은 차이를 뜻하는 일본어 투 말이다. 이 말은 우리말로 '털끝 하나 차이'라고 바꾸어 쓰면 된다.

또, 여자들이 일할 때 입는 바지 가운데 통이 넓고 발목 부분이 좁은 옷이 있다. 흔히 '몸뻬'라고 하는데, 이것도 일본말이다. 국어사전에는 "일본에서 들어온 옷으로 통이 넓고 발목을 묶게 되어 있다."라고 풀이해 놓았다. 이 옷이 일본에서 들어온 것이긴 하지만, 우리가 널리 입게 되었기 때문에 우리말 '일바지'로 다듬어 쓰는 게 바람직하다.

직장에서 흔히 쓰이는 말들 가운데 '무대포'(無鐵砲, むてっぽう), '쿠사리'(腐り, くさり) 들도 일본말이다. "저 친군 매사에 무대포야."라는 말을 '무대포' 대신 우리말 '막무가내'로 바꾸어 "저 친군 매사에 막무가내야."라 하면 훨씬 부드러워진다. 사장님에게 '쿠사리'를 먹은 게 아니라 '면박' 당한 것이라고 해야 우리말 표현이 된다.

발코니, 베란다, 테라스

언제부턴가 아파트 주민들도 봄맞이를 하며 갖가지 채소를 기른다. 아파트마다 서비스 면적으로 붙어 있는 공간에 화분을 놓거나 흙을 채워 작은 텃밭을 가꾸는 것이다. 그런데 이 공간을 '발코니'라 하기도 하고 '베란다'라 하기도 한다. 어떤 이들은 또 '테라스'로 부르는 경우도 있다.

아파트 거실에서 바깥쪽으로 이어 붙인 바닥은 베란다가 아니라 발코니가 맞다. 발코니는 우리말로 '노대'라고 한다. '노대'라고 하면, 2층 이상 주택이나 아파트의 벽면 바깥으로 튀어나와 연장된 바닥을 말한다. 노대는 위층과 아래층이 모두 같은 방법으로 달린 경우가 많다. 건물 밖에서 보았을 때, 윗집의 노대 바닥이 아랫집 노대의 천장이 되는 경우는 모두 발코니라고 할 수 있다. 요즘은 발코니를 확장해서 거실이나 방으로 쓰기 때문에 본래의 형태가 많이 사라졌지만,

발코니는 원래 실내와 구별된 외부에 달린 별도의 바닥을 의미한다. 그래서 우리말로 '노대'라고 하는데, 그 형태가 건물 벽면 바깥으로 돌출되어 난간으로 둘러싸여 있기 때문에, 국립국어원에서는 '발코니'를 '난간'으로 순화하였다.

발코니가 밖에서 봤을 때 위아래 층의 모양이 같은 것과는 달리, '베란다'라고 하면 바닥만 있고 위층의 구조물이 없는 부분을 말한다. 예를 들어, 2층짜리 단독주택은 대개 2층이 1층보다 작은 경우가 많은데, 이때 1층의 지붕이면서 2층의 바깥 바닥이 되는 부분을 '베란다'라고 부른다. 그래서 건물의 2층 이상에서의 바닥은 '베란다'이거나 건물의 '옥상'이 되겠다. 단층짜리 집일 경우에는 집채에서 툇마루처럼 튀어나오게 하여 벽 없이 가는 기둥으로 받쳐서 지붕을 씌운 부분을 베란다라고 할 수 있다. 그래서 베란다를 '쪽마루'란 우리말로 순화하였다. 이렇게 발코니나 베란다가 건물의 일부분인 것과는 달리, 건물의 바깥 부분에 낮게 깔린 '일부러 만든 바닥'을 '테라스'라고 한다. 실내에서 직접 밖으로 나갈 수 있도록 방의 앞쪽에서 도로나 정원으로 뻗쳐 나온 곳을 주로 가리키는데, 일광욕을 하거나 휴식을 취하는 장소로 이용하는 곳이 되겠다. 물론 요즘엔 이 테라스에 텃밭을 가꾸는 사람들이 늘고 있다.

보로와 보루

일본말 '보로(ぼろ)'는 '걸레'나 '넝마', '누더기' 따위를 이른다. 그래서 이 말은 일본에서 본디의 뜻 외에 '허술한 데, 결점'의 의미로도 쓰인다. 가령 'ぼろを だ(出)す'라 하면 '결점을 드러내다, 실패하다'의 뜻이고, 'ぼろを かく(隱)す'라 하면 '결점을 감추다'의 뜻으로 쓰이고 있다. 그래서일까, 이 말이 우리말에 들어와 '보로터지다' 또는 '뽀록나다'로 모습이 바뀐 채 쓰이고 있다는 주장이 있다. 우리말에서 속어로 분류된 '뽀록나다'는 언뜻 보기엔 '뽀록'이라는 명사와 '나다'라는 동사가 결합한 고유어처럼 보이지만, 일본말 '보로'에서 파생된 말일 뿐이다. 그런가 하면, 당구 용어 가운데 요행수를 일컫는 '뽀록'이 있다. 일터에서 우연하게 성과를 냈을 경우에도 '뽀록'이라고 한다. 모두 영어 'fluke'의 일본식 발음 '후루꾸(フルク)'가 '뽀록'으로 변한 것이라는 주장도 있다. 어느 쪽이든 일본말 잔재임이 분명하다. 국립국어원은

이미 이 말을 '드러나다', 또는 '들통나다'로 다듬어 놓았다.

'담배 한 보루'라고 할 때의 '보루'는, 두꺼운 마분지를 뜻하는 영어 'board'가 일본말화한 것이라 한다. 일본사람들은 'board'를 '보루도(ボ ルド)'라고 발음하는데, 이를 다시 '보루'로 줄여서 말하는 것을 우리가 그대로 따라 써 왔다는 것이다. 그래서 일찌감치 이 말을 우리말 '포'로 다듬어 놓았다. 그러므로 '담배 한 보루'는 '담배 한 포'로 말하면 된다.

사람 이름과 땅 이름

인명과 지명은 고유명사이므로 오랫동안 굳어져서 쓰이는 경우가 많다. 이런 경우, 우리 〈외래어 표기법〉 기본 세칙에는 어긋나더라도 이미 굳어져서 관용적으로 쓰이는 것은 그대로 따르도록 하였다. 가령 고유명사인 'Pacific Ocean'은 우리나라에서는 번역 명으로 통용되고 있으므로 '퍼시픽 오션'이라 하지 않고 '태평양'이라 한다.

지명과 인명 적기에서 가장 문제가 되는 것은 우리와 '한자'라는 동일한 문자를 공유하고 있는 중국과 일본의 지명·인명 적기이다. 한자로 된 이름일지라도 세 나라가 각기 한자음이 다르므로 그 기준을 어디에 두어야 할 것이냐가 문제이다. 지금 여러 분야에서 중국의 '上海'가 '상하이'('上海'의 중국음)와 '상해'('上海'의 한국음)로, 일본의 수도가 '도쿄'('東京'의 일본음)와 '동경'('東京'의 한국음)으로 혼용되어 쓰이고 있는 등 갈팡질팡하고 있는 실정이다.

〈외래어 표기법〉에서는 중국, 일본, 대만 등 한자 문화권 나라들의 지명과 인명 표기에 어느 정도 유연한 규정을 마련하였다. 곧, 중국의 역사 지명으로서 현재 쓰이지 않는 것은 우리 한자음대로 적지만, 현재 지명과 동일한 것은 모두 중국어 표기법에 따라 적도록 하고 있다. 인명 역시 과거인과 현대인을 구분하여 과거인은 종전의 한자음대로 적고, 현대인은 중국어 표기법에 따라 적는다(예: 秦始皇→진시황, 鄧小平→덩샤오핑). 반면, 일본의 지명과 인명은 과거와 현대의 구분 없이 일본어 표기법에 따라 적는 것을 원칙으로 하고 있다. 그러나 중국과 일본의 지명 가운데 우리 한자음으로 읽는 관용이 있는 것은 이를 그대로 허용하기로 하였다. 따라서 위에 예로 든 "상하이"와 "상해", "도쿄"와 "동경"은 모두 표준어로 인정되고 있다.

심심한 사과

가끔 사회 지도층 인사가 "이런 상황에 이르게 된 데 대해 심심한 사과를 드린다."라고 말하는 것을 들을 수 있다. 높은 자리에 있는 사람들은 대개 '심심한 사과'를 한다. 이 '심심한'은 대체 어떤 뜻으로 쓴 말일까? 우리가 잘 알고 있는, '맛이 조금 싱겁다'라든가, '하는 일이 없어 지루하고 재미가 없다'는 뜻은 결코 아닐 것이다. 국어사전을 찾아보면 이 말이 "마음의 표현 정도가 매우 깊고 간절하다."는 뜻을 지닌 '심심하다(甚深-)'란 한자말임을 알게 된다.

그러나 대부분의 한국 사람들은 매우 깊고 간절한 마음을 나타낼 때 '진심으로', '깊이깊이'와 같은 부사어를 쓰고 있다. 나날살이에서 '진심 어린 위로 말씀'을 드리고 '깊은 사과 말씀'을 드리지, '심심한 위로 말씀', '심심한 사과 말씀'을 드리는 것을 본 일이 거의 없다. 아, 있다. 역대 일본 정치인들이 근거 없이 한국을 비방하는 망언을

했다가 문제가 되면 으레 '심심한 사과'를 해오지 않았던가.

　　일본어의 "마음속에서 우러나와 아주 간절하다."는 뜻을 지닌 형용사 '신진다(しんじんだ[深甚だ])'를 우리식 한자음으로 읽으면 '심심하다'가 된다. 일본 정치인뿐만 아니라 우리나라 정치인들도 흔히 사용하는 표현이다. 일본어와 닮은 말일 뿐이지 '진심으로', '깊이깊이'보다 더 간절한 뜻을 담은 말은 아니다. 그럼에도 굳이 우리 '사회 지도층' 인사들이 이 말을 쓰는 까닭은, 일본식 표현에 아직 익숙해 있거나 깊은 진심을 나타내기 싫었거나 둘 중 하나일 것이다.

야미와 기지

옛날에는 치과병원도 흔치 않았을뿐더러 치료비 또한 서민들이 감당키 어려울 정도였다. 그래서 우리 어버이 세대에서는 틀니 따위를 '야매'로 끼우는 일이 흔했다. 이 말은 정확히 표현하면 '야매'가 아니라 '야미'이다. 'やみ[야미](暗)는 "정당하지 못한 거래"를 뜻하는 일본말인데, 국립국어원에서 우리말 '뒷거래'로 순화했다. '야미'는 일본말이지만 '야매'는 우리식 한자말이다. 보통 '야매하다'라고 하면 "촌스럽고 어리석다."는 뜻인데, "그 곳 원주민의 생활은 아직도 곤궁하고 야매한 모양이었다."처럼 사용한다.

이와 비슷한 사례로 '기지'와 '기장'이 있다. 흔히 양복 옷감으로 만든 펄렁펄렁한 바지를 '기지바지'라고 하는데, 이때의 'きじ[기지]'는 "옷감"을 뜻하는 일본말이다. 우리 국어사전에서는 이 '기지'를 '천'으로 순화하였다. 그러나 "바지 기장을 줄인다."고 말할 때의 '기장'은

(일본말이 아니라) "옷의 길이"를 뜻하는 순우리말이다. 이 말은 '옷기장'과 동의어로서만 쓰일 뿐, 머리 기장이니 허리 기장이니 하는 것처럼 신체의 길이를 나타내는 말로 쓰지는 않으니 주의해야 한다.

일본말과 우리말이 비슷하게 발음되는 사례 가운데 '도쿠리'와 '도꾸리'가 있다. 우리 어버이 세대에서는 목까지 올라오도록 털실로 짠 옷을 흔히 '도쿠리'라고 했는데, 이 말은 일본말 잔재이다. 그런데 우리말에도 이 '도쿠리'와 비슷한 말인 '도꾸리'가 있다. '도꾸리'는 '도토리'를 가리키는 경기도 방언이다. 또 이와 발음이 비슷한 말 가운데 '도꼬마리'란 한해살이풀도 있다. 시골 들길을 걷다 보면 갈고리 모양의 가시가 바지에 달라붙는데, 이것이 도꼬마리이다. 도꼬마리도 순우리말이다.

어색한 외래어 '새시'

　'창틀'을 뜻하는 영어 'sash'는 우리말에 들어와 이미 외래어로 굳
어졌으며, 이 말의 바른 한글 표기는 '새시'이다. 건설업에 종사하는
이들이 흔히 이 말을 '샤시' 또는 '샷시'로 쓰고 있는데, 이는 일본말의
영향을 받은 잘못된 발음 습관에서 비롯한 것이다. 'sash'는 본디의
발음이 [sæʃ]이므로, 이를 충실히 옮기면 '새쉬'로 적어야 하지만, 외래
어를 적을 때에 ʃ쉬는 어말에서 '시'로 적는다는 외래어 표기 원칙에
따라 '새시'를 표준말로 삼았다. 그러나 주위에서 이처럼 '새시'로 말하
고 쓰는 이는 별로 없는 듯하다. 가장 바람직한 것은 "튼튼한 새시→튼
튼한 창틀"처럼 건설 현장에서 이 용어를 바꾸어 쓰는 노력이다.

　훈련을 할 때나 운동을 할 때 입는 것으로서 흔히 '추리닝'(또는
'츄리닝')이라 불리는 옷이 있다. 본디 영어 'training'[트레이닝]에서 온
말인데, 이 또한 일본말의 영향을 받아 발음이 잘못 전해진 것이다.

하지만 '트레이닝'은 '훈련', '연습'을 뜻하는 말이므로 옷을 가리키는 데에는 알맞지 않다. 그래서 이를 '트레이닝복'으로 쓰는 경우도 있지만, 그보다는 우리말 '운동복'으로 순화해 쓰는 것이 바람직하다.

외래어 표기법에 어긋나는 사례로 '헤어샾', '커피숖' 들도 있다. 표기 규칙에 따르면 가게를 뜻하는 영어 'shop'의 표기는 '숍'으로 적어야 하니, '헤어숍', '커피숍'이 바른 표기이다. 외래어를 적을 때, 받침에는 'ㄱ, ㄴ, ㄹ, ㅁ, ㅂ, ㅅ, ㅇ'만을 쓰는 것이 기본 원칙이기 때문이다. 'shop'의 'p'는 첫소리 글자로 쓰일 때에는 'ㅍ'으로 적지만, 받침으로 쓰일 때에는 'ㅂ'으로 적는다. 하지만 'shop'의 우리말이 없지 않은데 굳이 영어를 써야 할 까닭은 없다. '미용실', '찻집'이라 부르면 수준이 떨어진다는 생각이야말로 수준이 낮은 생각이다.

young鷄 50% 할인!

복날을 앞두게 되면, 여기저기 유통업체에서 보낸 광고 문자가 휴대전화기에 찍히는데 가끔 "young鷄 50% 할인!"이라는 제목이 달려 있는 경우가 있다. 복날 하면 삼계탕을 빼놓을 수 없다. 삼계탕 재료로 쓰이는 작은 닭을 '영계'라고 하는데, 이 광고 문자처럼 가끔 '영계'의 '영'을 어리다는 뜻의 영어 'young'으로 잘못 알고 있는 이들이 있다.

물론 '영계'가 어린 닭인 것은 맞지만, 이때의 '영'은 영어 'young'에서 비롯한 말이 아니라, 한자 '연할 연(軟)' 자의 발음이 변해서 생긴 말이다. 병아리보다 조금 큰 어린 닭은 육질이 연해서 '연계'라 하다가 '영계'로 굳어졌다. 또는 약으로 쓴다 해서 '약계'라고 부르기도 한다. '연계'가 오늘날 '영계'로 변한 것은 발음이 닮은 데에도 그 까닭이 있지만, 우리 언어생활을 뒤덮고 있는 영어의 그림자 때문이 아닌가 하는 의구심이 든다.

우리말은 오랜 세월 동안 한자말의 영향으로 제 모습을 많이 잃어 버렸다. 근세에 와서는 일본말의 침투로 본디 모습이 일그러진 데다가, 요즘엔 우리 스스로 높이 추켜세우고 있는 영어의 그림자에 시나브로 덮여 가는 느낌이다. 그리하여 '연계'가 'young鷄'가 되고, '영계'는 마침내 "나이가 어린 이성의 사람"이란 생뚱맞은 뜻으로 국어사전의 한 자리를 차지하기에 이르렀다.

우연히 들어온 광고 문자 "young鷄 50% 할인!"을 보니, 마치 우리말을 영어 시장에 50% 할인으로 내놓은 듯하여 씁쓸한 마음이 앞선다.

영어 투 말들

    국회의원 선거가 시작되면, 언론은 선거운동 기간 내내 국회의원 후보자들에게 '무엇 무엇이 요구된다'고 말한다. 이 말은 영어를 직역한 번역 투 표현이다. 어느덧 우리 일상을 지배하고 있는 영어 투 표현에 순응(?)하여 인터넷 『표준국어대사전』에는 '요구되다'를 올림말로 수록해 놓았다. 하지만 본디 우리말에서 '요구'는 뒷가지 '하다'가 붙어 '요구하다', '요구한다'처럼 쓰이는 말이다.

    정치인들에게는 무엇 무엇이 '요구되는' 게 아니라 '필요한' 것이다. 그래서 "지금 요구되는 것은 국회의원들의 양심입니다."라는 문장은, "지금 필요한 것은 국회의원들의 양심입니다."처럼 다듬어야 한다. 이때 '필요하다'를 '필요로 한다'고 하면 이것도 영어식 표현이 된다. "지금 우리 사회가 필요로 하는 것은 공명한 선거 분위기이다."는 문장은 "지금 우리 사회가 필요한 것은 공명한 선거 분위기이다."로 고쳐 써야 한다.

 연설문이나 갖가지 조문에서도 흔히 "~로 인하여"라든가, "~에 의하여"라는 말들이 자주 쓰이고 있지만, 이러한 말투는 모두 영어식 표현이다. 가령 "금리 인상에 의하여"는 "금리 인상으로"처럼 고쳐 쓰고, "금리 인상으로 인하여"는 "금리 인상 때문에" 등으로 각각 바로잡아야 한다. 언론 매체들이 자주 쓰고 있는 "이번 사건으로 인하여"라고 하는 표현도 "이번 사건 때문에"처럼 고쳐 쓰면 훨씬 우리말답게 느껴질 것이다.

외래어 바로 적기의 뜻

    우리가 나날살이에서 자주 쓰는 외래어 가운데 가끔 통일되어 쓰이지 않는 낱말들을 볼 수 있다. 외래어는 본디부터 우리 겨레가 써 오던 토박이말이 아니라 바깥나라에서 들어와 넓은 의미의 우리 '국어'가 된 말을 가리킨다. 현대 사회에서 실제 사용되고 있는 우리말의 반 이상이 외래어이고, 외래어 가운데의 대부분은 중국에서 들어온 한자말이다. 외래어에서 한자말을 빼면 일본말(또는 일본말의 영향을 입은 말)과 서양어권 말이 그 다음으로 많다. 물론, 인도와 동남아시아 등에서 전파된 외래어도 있지만, 생활 외래어 가운데는 그 수가 많지 않다.

    이 가운데, 일본말이나 일본말 찌꺼기는 같은 외래어라 할지라도 역사적으로나 민족 감정상으로 반드시 몰아내어야 할 것들이기 때문에 '국어로서의 외래어'의 지위를 줄 수 없다. 물론, 서양어권에서 유입

된 말이라고 모두 '국어로서의 외래어'가 되는 것은 아니다. 여기서 말하는 외래어란, '그와 대체해서 쓸 수 있는 우리말이 없는 말이면서 오랫동안 우리 겨레가 널리 써 이미 굳어진 말'을 뜻한다. '라디오', '버터', '커피', '컴퓨터', '텔레비전' 들이 그러한 예들이다. 물론 이 말들은 현지 발음을 그대로 적지 못한 채 우리 겨레의 말글살이에 관용으로 굳어진 모습을 표준으로 삼은 것이다. 외래어 표기법은 이들처럼 관용으로 굳어져 있는 말 이외에는 원지음을 국제 음성 기호와 한글 대조표에 따라 한글로 옮기도록 되어 있는데, 국제 음성 기호로 [ə]는 '어'에 대응되어 있다. 때문에, 원어의 발음이 [sentə], [tə:minəl], [routəri]인 'center', 'terminal', 'rotary'에서 온 외래어는 '센터, 터미널, 로터리'로 표기되는 것이 옳다. '센타, 터미날, 로타리'로 발음하고 표기하는 사람이 많지만 [ə]가 '어'에 대응되어 있는 이상 이는 모두 잘못이다.

외래어 적기의 기본 원칙

　　외래어를 적을 때에는 대개 두 가지의 기본 원칙을 이야기할 수 있다. 첫째, 받침에는 'ㄱ, ㄴ, ㄹ, ㅁ, ㅂ, ㅅ, ㅇ'만을 쓴다는 것이다. 사실 외래어를 한글로 적을 때 가장 어려움을 느끼는 부분이 바로 받침이다. 원어의 발음을 최대한 살려서 받침을 옮겨 적다 보면, 한글 모아쓰기의 특성상 음절 형태와 실제 소리가 다름으로써 오히려 혼란을 낳는 경우가 생긴다. 가령 양탄자를 뜻하는 'carpet'은 한글로 '카펱'이라 옮겨지지만, 실제 발음은 [카펟]이다. 우리말 받침소리 'ㄷ, ㅅ, ㅈ, ㅊ, ㅌ, ㅎ' 따위는 모두 대표음 [ㄷ]으로 발음되기 때문이다. 그래서 이들을 모두 'ㅅ'으로 적도록 하였다. 따라서 'ㄷ, ㅈ, ㅊ, ㅌ, ㅎ'은 외래어를 적을 때에 받침소리로 적지 않게 되었다('carpet'도 '카펫'으로 적어야 한다.). 이에 준하여 받침소리 'ㅋ', 'ㅍ'도 각각 'ㄱ', 'ㅂ'으로만 적도록 규정하였다. 곧 외래어 적기의 받침에는 'ㄱ, ㄴ, ㄹ, ㅁ, ㅂ,

ㅅ, ㅇ' 등 일곱 개의 자음만을 쓰도록 하였다.

둘째, 파열음 표기에는 된소리를 쓰지 않는다는 것이다. 파열음 [k, t, p]를 표기하는 한글 자음 글자에는 'ㄱ, ㄲ, ㅋ, ㄷ, ㄸ, ㅌ, ㅂ, ㅃ, ㅍ' 들이 있다. 이 가운데 외래어 적기의 기본 원칙에서는 된소리 글자인 'ㄲ, ㄸ, ㅃ'를 사용하지 않기로 하였다. 그러나 이 규정은 지나치게 현실음을 무시한 것이라, 지금도 많은 논란을 불러일으키고 있다. 특히, 일본어와 이탈리아권 언어의 적기에서는 현실적으로 거센소리 글자(ㅋ, ㅌ, ㅍ)가 된소리 글자를 대체하기에는 무리가 따르므로, 일부 인명과 지명 등 고유명사에서는 된소리 글자 적기를 허용하는 경우도 점점 생겨나고 있다. 그 때문에 〈외래어 표기법〉 제1장 제4항에서는 "파열음 표기에는 된소리를 쓰지 않는 것을 원칙으로 한다."는, 다소 모호한 말로 규정해 놓고 있다.

존버나이트

몇 년 전, 어느 기업이 청소년층을 주요 판매 대상으로 한다며 '존버나이트'라는 음료를 출시한 적이 있다. 음료 깡통에는 "ZONVER KNIGHT"라고 쓰여 있다. 당연히 영어에는 없는 '존버'가 무엇일까 궁금했고, 찾아보니 '존나 버티기'를 줄여서 쓰는 청소년 은어였다. 존나 버티기라니! 그 기업에서는 제품명에 '피로와 피곤함으로부터 잘 버틸 수 있도록' 하는 의미를 익살스럽게 담았다고 발표했다. 언제부터 '존나'가 익살스러운 말이었던가. '존나 버티기'를 줄여 쓴 '존버'는 아무리 은어라고 해도 비속어이다.

'존버'라는 말을 들으면 누구나 그 본디말인 비속어를 떠올리게 된다. 청소년들이 사용하는 은어가 제품명으로 만들어지는 것을 자유 시장 체제에서 막을 수는 없다. 그러나 사회 구성원들이 공통적으로 인지하는 비속어를 제품명으로 쓰는 것만은 막아야 한다. 설사 청소년 은어인 '존버'가 이미 일반명사처럼 굳어진 새말이라고 하더라도, 그 말을 듣는 사람들은 그 말의 의미를 다시 한 번 생각하게 되기 때문이다.

이 말을 '나이트'란 영어와 결합시켜 나름대로 영어스러운(?) 제품명으로 만든 것이라면 그것은 더욱더 막아야 할 일이다. 우리말로 새말을 만들면 천박하고, 영어로 새말을 만들면 고급어 또는 전문어가 된다는 그릇된 인식이야말로 우리말의 미래를 암울하게 만드는 언어관이다. 언어에는 우열이 없다. 그러나 언어 사용자에게는 분명한 우열이 존재한다. 단지 기업 이윤을 위해 온 국민을 대상으로 우리말의 품격을 떨어뜨리는 행위는 우리말의 주인인 국민들이 막아야 할 일이다. 우리 스스로 열등한 언어 사용자가 될 수는 없는 노릇이기 때문이다.

컬러와 칼라

빛깔을 뜻하는 영어는 한글로 "컬러"라고 적는다. 이 [컬레]가 아직까지 우리 언어 환경에 남아 있는 일본식 발음의 영향으로 "칼라"라고 잘못 표기되는 경우가 많다. 일본말에서는 [ㅓ] 모음이 없어서 이를 대부분 [ㅗ]나 [ㅏ]로 발음하고 있기 때문이다. 이 말과 소리가 비슷한 낱말로, 서양식 옷의 목 부분에 있는 깃을 말하는 외래어는 "칼라"가 맞다. 이 또한 일본말의 영향으로 아직 [카라로 소통되는 경우가 흔한데, [칼라로 발음해야 한다. 빛깔을 말하는 외래어는 "컬러"이고, 옷의 목 부분의 깃을 뜻하는 외래어는 "칼라"이다.

이처럼 우리말 가운데에는 일제강점기부터 이어 온 일본말의 영향에서 여전히 벗어나지 못한 외래어들이 아직 많이 남아 있다. 영어 "clinic"[클리닉]을 "크리닉"으로 쓰고 있는 것도, 받침소리의 제약을 안고 있는 일본 사람들의 발음을 그대로 따라한 것이므로 엄밀히 말하면 일본말이라 할 수 있다. 그렇다고 외래어 오용이 모두 일본식 발음 탓만은 아니다. 컷과 커트처럼 발음의 혼동으로 잘못 쓰는 경우도 많다.

거리를 지나다 보면, 문 앞에 "남성 컷 12,000원"이라고 써놓은 미용실을 볼 수 있다. "남성 커트 12,000원"이라고 고쳐 써야 올바른 표기가 된다. 미용실에서 머리카락을 자르는 것은 "커트"가 맞다. "컷"은 책 중간 중간에 그려 넣는 작은 그림이나 또는 영화를 제작할 때 필름을 잘라내는 것을 뜻하는 말이 된다. 될 수 있는 대로 "컬러"는 "빛깔", "칼라"는 "깃", "클리닉"은 "진료소", "커트"는 "자르기" 들처럼 순화하여 쓰면 더욱 좋겠다.

트로트와 트롯

연말이면 주요 방송사마다 연예대상 시상식 모습을 방영한다. 시상식 하면 떠오르는 것이 빨간 양탄자이다. 이 양탄자를 서양 외래어로 '카펫'이라고 한다. 어떤 분들은 '카페트'라고 말하기도 하지만, 표준말은 카페트가 아니라 카펫이다. 그리고 미래 세계를 예측할 때 가장 먼저 떠오르는 게 로봇인데, 이 말도 '로보트'가 아니라 '로봇'이 표준말이다.

그런데 카페트는 카펫이 맞고 로보트는 로봇이 옳다고 하니까, '케이크'도 '케익'(또는 '케잌')으로 써야 맞는 것으로 혼동할 수 있다. 그러나 이것은 거꾸로, '케익/케잌'이 아니라 '케이크'가 표준말이다. 마찬가지로, '카세트 라디오'라 할 때에는 '카셋'이 아니라 '카세트'가 맞고, '비닐 테이프'도 '테입'이 아니라 '테이프'가 올바른 말이다.

일상생활에서 자주 쓰이고 있는 외래어 가운데는, 이렇게 (카펫이나 로봇처럼) k나 t나 p를 받침으로 적을 때도 있고 (케이크처럼) 풀어 쓸 때도 있다. 그런가 하면, 받침으로 적을 때와 풀어 쓸 때의 뜻이 서로 달리 쓰이는 경우도 있다. 가령, 60~70년대에 젊은 시절을 보낸 우리나라 성인들이라면 누구나 좋아하는 대중가요인 트로트를 '트롯'이라고 표기해 놓은 앨범이 더러 눈에 띄는데, 이것은 잘못된 표기이다. 이 말은 두 가지로 쓰이는데, 대중가요를 말할 때는 '트로트'이고, 그냥 '트롯'이라고 하면 승마에서 말이 총총걸음을 걷는 것을 가리키는 승마용어가 된다.

퍼센트와 퍼센트 포인트

신문 경제면에서 흔히 볼 수 있는 용어 가운데, "아파트 값이 몇 퍼센트 올랐다." 또는 "금리가 몇 퍼센트 포인트 올랐다."와 같은 표현들이 있다. 이때의 '퍼센트'와 '퍼센트 포인트'는 전혀 다른 의미인데, 이를 잘 구분하지 못하는 경우가 있다.

몇 퍼센트 올랐다는 것은, 기존의 수치를 기준으로 하여, 올라간 수치를 백분율로 표시한 것이다. 반면에, 몇 퍼센트 포인트 올랐다는 것은, 기존에 제시된 퍼센트가 숫자상으로 얼마나 늘어났는지를 표시한 것이다. 예를 들어, 40 퍼센트만큼 올라 있는 어떤 물건의 가격이 다시 올라 60 퍼센트만큼 오른 셈이 되었다면, 이 물건의 가격은 퍼센트로는 50 퍼센트 오른 것이고, 퍼센트 포인트로는 20 퍼센트 포인트 오른 것이다. 또 50 퍼센트만큼 진척되어 있는 아파트 공사가 60 퍼센트로 변화되었다면, 퍼센트로는 20 퍼센트 더 진척된 것이고, 퍼센트 포인트로는 10 퍼센트 포인트 더 진척된 것이다.

　　그러므로 퍼센트는 100 퍼센트 안에 있는 어떤 기준에 대한 변화량을 백분율로 나타낸 것이고, 퍼센트 포인트는 백분율이 아니라, 기존에 제시된 퍼센트 숫자에 비하여 늘어나거나 줄어든 수만을 나타낸 것이라고 할 수 있다. '퍼센트'는 '프로'와 같은 말이므로, "몇 퍼센트 올랐다."를 "몇 프로 올랐다."고 말할 수 있다. 그러나 '퍼센트 포인트'를 "몇 포인트 올랐다."처럼 '포인트'로 줄여서 쓰는 것은 올바른 표현이 아니다.

한 잔의 커피

어느 가수의 앨범 가운데 "비와 한 잔의 커피"라는 노래가 있다. 또 다른 가수의 앨범 가운데는 "커피 한 잔 할래요"라는 노래도 있다. '한 잔의 커피'와 '커피 한 잔'은 같은 뜻이지만 같은 말은 아니다. '커피 한 잔'이 우리말 표현인 데 반하여 '한 잔의 커피'는 우리말을 빌려 표현한 영어 투 말이다. 우리는 '커피 한 잔'을 마셔 왔을 뿐, '한 잔의 커피'를 마시지는 않았다. 정육점에 가서 '돼지고기 한 근'을 주문하기는 해도 '한 근의 돼지고기'를 달라고 말하는 사람은 없다.

영어를 직역한 말이 우리말처럼 변해서 쓰이고 있는 언어 현실이 우리말 환경을 매우 어지럽히고 있다. 영어를 직역하는 버릇 때문에 잘못 퍼지게 된 말 가운데, '~로부터'라는 표현이 있다. "어머니로부터 꾸지람을 들었다."와 같은 문장이 그러한 것이다. 본디 우리말에서 어떤 행동이 비롯된 대상임을 나타내거나, 행동의 출발점을 나타낼 때 쓰는 조사는 '에서'나 '에게서', '한테서' 같은 말들이다. 그런데 지난 날 영어권에서 유학을 했던 지식인들이 'from'이 들어간 영문을 분별없이 '~으로부터'로 옮겨 써 버릇했는데, 이런 태도가 오늘날 국어 문장을 영어 구문처럼 만들어 버린 원인이 되었다. "어머니로부터 꾸지람을 들었다."는 "어머니에게서 꾸지람을 들었다."로 고쳐 써야 우리말다운 표현이 된다. 본디 우리말 '부터'는 "처음부터 끝까지 변함없었다.", "어렸을 때부터 공부를 잘했다."처럼 써오던 말임을 잊지 말아야하겠다.

호치키스와 마사무네

　사람 이름이 마치 상품 이름인 것처럼 널리 쓰이다가 그대로 굳어진 것들이 있다. 그 가운데서 '호치키스'와 '정종'은 지금이라도 바로잡을 수 있다.

　'호치키스'라 부르는 사무용품의 본래 이름은 '스테이플러'이다. 이 스테이플러를 발명한 미국사람 이름이 호치키스인데, 호치키스라는 사람 이름이 상품 이름처럼 알려져 있는 것이다. 스테이플러도 이미 예전에 우리말로 순화해서 쓰고 있다. 어떤 이들은 '박음쇠'라고 쓰기도 하지만, 국립국어원의 『표준국어대사전』에는 '찍개'로, 한글학회의 『우리말 큰사전』에는 '종이찍개'로 각각 순화해 놓았다.

　'정종'이라는 술의 본래 이름은 '청주'이다. 정종은 일본 무사 가문의 하나인 'まさむね[正宗]'(마사무네)를 우리식 한자음으로 읽은 것이다. 마사무네 집안에서 대대로 빚어 온 술이 상품화하면서 '마사무네'

가 술 이름이 되었다. 이 술이 일제 때 우리나라에 들어와 우리식
한자음인 '정종'으로 불렸던 것인데, 어느 틈에 다른 청주까지도 모두
정종이라 부르게 되었다. 일본식으로 맑게 빚어 만든 술은 청주이다.
청주는 우리의 전통적인 맑은술과 비슷한 것이므로, 정종도 청주도
모두 '맑은술'로 부르면 된다.